一次看懂社會科學

做學問的樂趣

推薦序

洪蘭

台灣一個很熱門的話題就是科技與人文的對談，好像這是兩個相對立的領域，必須透過溝通和對談才會使兩邊和諧。

其實科技和人文是「哲學」這棵大樹所發展出來的兩個枝幹，科技和人文不是獨立的不相干個體，它們不需要對談，而是「你中有我，我中有你」的融合體。一個好的科學家一定有好的文學素養，寫出來的東西是眾人看得懂的。諾貝爾物理學獎得主費曼教授（Richard Feynman）的書就是個很好的例子，他的書幾十年來一直是青少年進入科學領域的啟蒙書。只有真正懂的人，才能夠把很深的學問用日常生活的例子深入淺出地介紹出來。劉炯朗校長的書就給人這樣的感覺，讀起來行雲流水，但裡面的內容很深奧。

劉校長的博學是大家都知道的，我只是不知道他是如此地廣而深。幸好，他已經退休，不然像他這樣人文和科技通吃的人會嚴重威脅別人的飯碗。除了知識淵博之外，我最敬佩劉校長的是他的敬業精神，他在新竹ＩＣ之音電台主持一個節目，每逢錄音時，所有的應酬全都推掉，專心錄音，有時錄上一整天，直到他自己滿意為止。我們都知道，要約劉校長吃飯一定要避開錄音日，不然再好的佳餚都不能引誘他來，敬業態度實在令人敬佩。

過去我們都以為，主持節目的人一定要國語字正腔圓、聲音甜美，但是劉校長的節目讓我們看到這並不是必要條件，聽眾真正在乎的是內涵。劉校長說話有廣東腔，因為他在澳門長大，但是他的節目內容豐富，廣東腔反而變成特色。像我的朋友開車聽收音機的時候，一聽到廣東腔就不再搜尋電台，他知道劉校長上場了，大家洗耳恭聽。

我最喜歡聽劉校長講一些科技史，像Google為什麼會叫這個奇怪的名字等等。因為劉校長五〇年代就去美國留學，在伊利諾大學任教多年才回清華當校長，他在美國時正是電腦興起的時候，見證了電腦從一個房間那麼大的龐然巨物到現在背包裡放的ＮＢ，這中間的過程他親身經歷，所以說起故事來，多一分自身體驗，是當事人而不是旁觀者，所以他的故事會吸引人。

就像我一九六九年去美國念書時見證到心理學蛻變為認知科學一樣，其中的關鍵實驗自己都做過，那種感覺就是不一樣。所以劉校長在講科技史時，真的沒有人比得上他。

他最拿手的是深奧得令人卻步的天文物理，他娓娓道來，活潑生動有趣，書讀起來輕鬆愉快，非常適合父母讀給國小三年級以上的孩子聽。我最要推薦的是書中引導思考方式的邏輯推理，這是台灣目前教育非常缺乏的一項。父母可利用這本書來補強目前教育制度上的不足。如果父母時間不夠，讓孩子自己讀完再跟父母討論也是一個方法，重點在父母要把邏輯思考的方式透過相互討論教給孩子。

在國外，我常看到父母在餐桌上跟子女就某個議題辯證，在台灣，這現象幾乎不存在，但邏輯思考的重要性在於一個有邏輯思考的人不會盲從，不會隨便被人鼓動上街去遊行。

我一直認為念書給孩子聽，跟孩子討論事情比去外面應酬重要，因為應酬的話常不能當真，酒肉又穿腸過，一頓飯三個小時其實是很浪費時間，若把這時間拿來啟發孩子，效益是不可同日而語。在我成長的過程，台灣沒有電視，父母也不需要去外面應酬，我學到最多的東西是晚飯後，父親讀報給我們聽的時候，他會評論時事，問我們這件事如果是我們在做，下一步會怎麼樣，讓我們學習別人的經驗，也教我們如何從別人觀點來看同一件事情，這對我後來出社會做事有很大的幫助。

新加坡前總理李光耀在千禧年國際閱讀協會年會的演講中說：「二十一世紀的公民必須要有快速吸取訊息的能力，和正確表達自己意思的能力。」若要孩子能快速正確地表達出思緒，講出來的話必須有條理、合邏輯。劉校長的書中有許多可以讓父母跟孩子討論的議題，有些是科學上的，有些是生活上的，都是訓練的好題材。

孩子是我們一生最大的投資，在演化上要成功的條件之一是「子代必須超越親代」，青出於藍要更勝於藍。過去，家長常找不到合適的科學書來啟發孩子，現在有了劉校長這本書，可以在教室裡或透過親子共讀將孩子帶進科學的門，讓他們體會到獨立思考與做學問的樂趣。

（作者爲中央大學認知神經科學研究所所長）

快樂的分享

作者序

從二〇〇五年十月，我開始在新竹IC之音廣播電台FM97.5主持一個談話性節目，節目的名字是「我愛談天你愛笑」。現在，這個節目在新竹IC之音廣播電台FM97.5、台北Bravo廣播電台FM91.3和台中全國廣播電台FM106.1聯播。

每個星期，我在節目上獨白二十二分鐘，寫成一篇文字稿約三千至四千字。今年初，時報出版社已出版第一本《20不惑：大學校長親授33堂生涯必修課》，如今時報出版社又選了五十餘篇出版第二本《一次看懂自然科學》和第三本《一次看懂社會科學》。

這些文章都是廣播節目中的內容，我希望透過聲音和文字，與聽眾和讀者分享我讀書的經驗和快樂。我要傳遞的是一個簡單的訊息，以及一份愉快的經驗：讀書真好。希望藉由這些科學和文學的文章，為我的聽眾、讀者開啟興趣，去發掘更深更廣的相關內容，得到更多的讀書樂趣。

◆目錄◆

1 鑑古

2 明今

3

看未來

1

鑑古

北國的雨燕

二〇〇八年八月三日，文學家索忍尼辛在莫斯科病逝。我想談談他的人生歷程、作品，以及跟他有類似遭遇的俄國文學家、音樂家和科學家。

先讓我簡單地複習俄國的歷史。今天的俄國（Russia，或直翻成俄羅斯）是世界上領土最大的國家，占全世界土地的八分之一，人口只有一・四億，全世界排名第九，比中國、印度、美國、巴西都要少，比日本多一點點。俄國有很豐富的天然資源，石油和天然氣的產量占全球二〇％，西伯利亞森林的木材產量占全球五分之一，煤和多種金屬礦物的存量都相當豐富。

俄羅斯的沙皇朝代，從十六世紀中期開始。伊凡四世（Ivan IV）是第一位正式登上皇位的沙皇，沙皇這個字「Tsar」就是皇帝的意思，可以追溯到拉丁文「Caesar」這個字，那是從羅馬帝國第一個皇帝凱撒「Julius Caesar」這個名字演變來的。伊凡四世就是常被稱爲「Ivan the Terrible」的那位沙皇，俄文的原意是「脾氣不好，令人見之生畏」，並非暗指他是恐怖暴君。

工業大躍進

沙皇時代維持了一百多年，十七世紀末，改朝換代之後，彼得一世（也就是彼得大帝）正式建立俄羅斯帝國（Russia Empire），沙皇這個稱號也改為大帝。彼得大帝引進了西方歐洲的經驗，開始工業化的大躍進，引導俄國迅速踏上政治、經濟、文化發展之路。俄羅斯帝國也成為世界舞台上的一個大國。

俄羅斯帝國歷史上的另一個重要人物是凱薩琳大帝（Catherine II the Great）。她是彼得三世的皇后，彼得三世過世後她就繼承皇位，凱薩琳大帝從十八世紀中期到末期在位三十四年，繼續擴展俄羅斯帝國的版圖，建立強大的國力。一八一二年，拿破崙入侵俄羅斯大敗而回，也就是拿破崙全盤崩潰的開始。俄國文學家托爾斯泰（Leo Tolstoy）的文學名著《戰爭與和平》（War and Peace）就是以法國入侵俄國那段時期為背景的小說。一八八四年，柴可夫斯基（Tchaikovsky）為了紀念俄國抵抗法國入侵的勝利七十週年，寫了有名的「一八一二序曲」（1812 overture）。到了十九世紀後半期，貴族對農民長期壓迫，社會改革的壓力，引發相當大的動盪。

一九〇四年，日俄戰爭爆發，主因是俄國和日本爭奪中國東北和朝鮮一帶的軍事霸權；背後的另外一個原因是，俄國內部動盪不安。當時的尼古拉大帝（Nicolas II）以爲一場對外戰爭能喚起國內團結，轉移民眾注意力。其實，這場戰爭還有兩個遠因：一八九四年中日甲午戰爭，中國戰敗簽訂了馬關條約，日本的氣焰大張；以及一九〇〇年俄國趁著八國聯軍侵華機會，派兵進入中國東北三省一帶。這都增加了俄國和日本間對立的緊張情勢。日俄戰爭，俄國海軍大敗，是亞洲國家首度打敗歐洲強國，這更增加了日本的野心。對俄國來說，這暴露了國內經濟和社會上的許多問題，成爲一九〇五年的革命導火線。

雖然，這次革命被平服了，但尼古拉大帝的改革並沒有成功地安定民心。第一次世界大戰爆發時，由於戰爭的費用和傷亡，以及政府腐敗，更加深了人民對政府的不滿，終於引發一九一七年二月和十月的兩次革命；尼古拉大帝退位。後來，他和家人都被殺害，結束了俄羅斯帝國。

接著登場的是一九二二年「蘇維埃社會主義共和國聯盟」（Union of Soviet Socialist，USSR，簡稱蘇聯）。蘇聯是世界上第一個共產主義國家，這個聯盟維持了差不多七十年，在一九九一年瓦解。蘇聯瓦解後，當中的共和國包括俄羅斯、烏克蘭、愛沙尼亞、拉脫維亞、立陶宛、喬治亞都各自獨立，俄羅斯建立了俄羅斯聯邦（Russian Federation），就是今天的俄國。在國際社會上，俄國也承繼許多蘇聯的位置和責任，例如蘇聯原來是聯合國安理會與五個永久會員國之一，俄國就順理成章地承繼了這個永久會員國的位置。

讓我打個岔。台灣許多人都知道一種日本出品的成藥「征露丸」，據說可以治療腸胃不舒服，這是日俄戰爭時日本軍隊發給士兵用的藥。「Russia」這個字，在日文翻成露西亞，征露就是征服露西亞，征露丸的商標還是一把軍隊中的號角呢。不過，如果成藥的成分含糊不清，最好不要隨便服用。

回到一九二二到九一年的蘇聯歷史。列寧是蘇聯的開國之父，也是位政治經濟思想家，沿襲了馬克斯階級鬥爭的理論。馬克斯認爲，在人類發展過程中，資產階級的壓迫和無產階級的反抗是必然過程。依據歷史唯物論，馬克斯更大膽假設，資本主義最終將被共產主義取代，但這很可能只是錯誤的假設。馬克斯思想主義包含了很多複雜深奧的哲學、政治、經濟、社會理念，馬克斯主義的演繹和分支包括列寧主義、托洛斯基（Leon Trotsky）主義、毛澤東主義。到了二十一世紀的今天，馬克斯主義的影響力已經不如它在二十世紀時那麼大，也有不少地方做了修正。毫無疑問地，馬克斯是個重要思想家，在許多學術研究的領域裡，包括哲學、歷史、文學批評，我們都可以看到馬克斯思想的影響。用「老共」兩個字把馬克斯思想一言蔽之，那就是錯誤的過度簡化了。

列寧在領導的位置上不到幾年就逝世了。史達林經過一番權力鬥爭，特別是把最重要的對手托洛斯基趕出共產黨，放逐海外後，登上了領導位置，前後執政差不多三十年。

見證政治迫害的力量

二次大戰以後，蘇聯成爲世界五強之一，在後來的冷戰階段，更是和美國成爲兩強對峙的軍事大國。史達林爲了鞏固權力，在政治上進行排除異己的大清算，推動工業化和集體農場的政策，引起農民反抗，以及對不同種族的歧視。在史達林統治下的蘇聯，被殺害、送到勞改集中營、被驅逐流放的人數以數百萬計。包括了政治人物、工人、農夫，還有許多科學家、文學家、音樂家。

其實，三言兩語甚至長篇大論是無法全面描寫在那麼長的一段時間、那個複雜情形下的大環境的。接下來，我找了幾個人經歷過的故事，讓各位了解，在獨裁政府統治下知識分子的遭遇。這些人的經歷都有悲慘的一面，但從他們的才華和成就，更讓我們看到政治迫害的力量。

第一位是蘇聯知名的理論物理學家朗道（Lev Landau），他在一九六二年因爲在凝態物理上的貢獻，獲得諾貝爾物理獎。朗道很年輕時就已經展露才華，在物理學上有很多貢獻。五十歲生日時，朋友把他在物理學裡十個大成就列出，幽默地說這是朗道的「十誡」。學物理的讀者一定讀過朗道和學生寫的一套十冊的理論物理教科書。朗道絕頂聰明，在學問功夫上，對自己跟學生都有嚴格的要求。除了諾貝爾獎之外，朗道也獲得了許多的學術榮譽，並稱自己是最後一位全能的物理學家。

他曾對有名的物理學家做了一個分等，〇是最高，五是最低，多數人當然都在等級五之外，是不入流的。牛頓是等級是〇，愛因斯坦是〇・五，玻爾（Neil Bohr）、海森堡（Werner Heisenberg）是一，他自己是二・五。這個分等用牛頓來做標準，假如一個物理學家的成就是牛頓的十分之一，他的等級是一，是牛頓的百分之一，他的等級是二，是牛頓的十萬分之一，他的等級是五。按照這個算法，愛因斯坦的成就是牛頓的三分之一，朗道自己是牛頓的三百分之一。後來，朗道把自己的等級從二・五提升到二・〇（等級是n，成就是10^{-n}）——讀書人就喜歡評比排名這種遊戲。

儘管學術成就非凡，在一九三八年史達林的大清算裡，也許是無意間得罪了某些權貴，朗道竟被控爲德國間諜，判處十年監禁。幸好學術界友人挺身相助，直接寫信給史達林說情，只關一年後就被釋放。一九六二年，朗道不幸在一場車禍裡受重傷，復原後始終無法親自到瑞典領取諾貝爾獎。

第二位我要講的是詩人小說家巴斯特納克（Boris Pasternak）的故事。他的詩集被認爲是二十世紀最有影響力的俄文作品，下面這首〈雨燕〉，就是詩人用簡單筆觸描寫在天空飛翔的一群白雨燕。

暮色中的雨燕，阻遏不住淺藍色的淒清，從身體的深處迸出連串的歌聲；
在高空翱翔的雨燕，沒有拘束和禁限，清脆地叫喚。
請看，翅膀底下的大地，已經遠去不返，
翻騰的雲霧，有如沸騰茶壺裡冒出的蒸氣；
請看，從峽谷到天際，不再找得到大地。

巴斯特納克的另一本知名作品《齊瓦哥醫生》（Dr. Zhivago），正是以俄國一九一七年的革命爲時代背景，透過一段愛情故事反映出當時的社會和政治環境，被稱爲二十世紀最重要的一本政治小說。當巴斯特納克把小說送出發表時，因爲被認爲與當時蘇聯當局的政治觀點不符而被退稿。他們認爲，書中的主人翁只顧自己而忘了國家和社會，書裡也暗諷政府集中營的運作。這本書先被偷偷送到義大利翻成義大利文出版，後來翻成十八種語言，也被改編成電影和電視劇。可惜，直到巴斯特納克逝世了將近三十年後，這本書的俄文版才在蘇聯面世。

一九五八年，巴斯特納克獲得諾貝爾文學獎。當他聽到獲獎的消息後，馬上發了一通電報給瑞典皇家學院說：「非常感激、感動、自豪、驚訝和自愧不如。」四天後，他又再發了一通電報給瑞典皇家學院：「當我考慮到這個獎項在我所在的社會中會引發的觀感時，我必須拒絕這個獎項，自願放棄，請不要介意。」巴斯特納克擔心，如果他到瑞典去領獎，會失去蘇聯的公民權，被放逐海外，而他不願意離開蘇聯。巴斯特納克逝世三十年後，他的兒子在瑞典代表他接受了諾貝爾獎。領獎典禮上，知名的大提琴家羅斯托波維奇（Mstisl Rostropovich）特別為紀念巴斯特納克演奏了一首巴赫的小夜曲。

提到羅斯托波維奇，他被稱為「二十世紀、甚至有史以來最偉大的大提琴家之一」，很年輕的時候就在音樂界嶄露頭角。二十歲出頭，已經得過好幾個國際大獎；二十三歲那年，得到史達林獎，那是蘇聯本國最高的獎項。他為了藝術無國界、言論自由和民主的價值這些理念，不斷受到蘇聯當局的干預。當索忍尼辛受到迫害時，他收容索忍尼辛並且公開支持他，最後被放逐到海外，喪失了蘇聯的國籍。

在美國定居下來之後，他擔任美國國家交響樂團的音樂總監和指揮，於二〇〇七年去世。二〇〇五年，當他和夫人要把他們收藏的藝術品公開拍賣時，俄國的一位大富翁付出幾千萬美元全部買下，然後全數留在俄國，以作爲對羅斯托波維奇的紀念。

索忍尼辛的抉擇

從集中營裡的囚犯，到讓祖國引以為傲的大文豪，索忍尼辛的一生，道盡政治大環境的無情、無理與矛盾。

俄國文學家、歷史學家索忍尼辛的一生，跨過了蘇聯七十年的歷史。蘇聯建立於一九二二年，一九九二年解散，索忍尼辛的經歷和遭遇反映了知識分子在獨裁政府下所受的限制和壓迫。

儘管如此，他仍保有自己的理念和見解。索忍尼辛在大學主修數學，同時在函授學校選讀有關文學和歷史的課程。大學畢業後先在中學教書，不過幾個月，二次世界大戰爆發，他就被徵召入伍。索忍尼辛在軍隊裡的表現不錯，但因被發現在寫給友人的信裡批評史達林，而遭到刑求，沒有答辯的餘地，就被軍事法庭判他在勞動集中營監禁八年，外加無限期的放逐，沒有答辯餘地。三年後，終於獲釋，回到老家。索忍尼辛白天在中學教書，晚上偷偷寫作，在他接受諾貝爾文學獎的演講裡，他說：「這段期間，我不但確信有生之年都看不到作品出版，甚至連把作品給好朋友看也不敢。」

從勞動集中營釋放出來七、八年後，他把中篇小說《伊凡傑尼索維奇的一天》（One day in the life of Ivan）送到文學雜誌發表。這篇小說用一個叫作伊凡傑尼索維奇的人，在勞動集中營的一天，反映出索忍尼辛自己和許多命運和他相似的人，長期被囚禁在勞動集中營過的日子。這篇小說被送到共產黨中央委員會審核，正反意見僵持不下，據說最後是赫魯雪夫親自批准才獲得出版。

這本書在蘇聯和西方都引起很大的震撼。它揭露了蘇聯勞動集中營的眞實情形，不但是對蘇聯獨裁政權的嚴正指控，也讓西方知識分子對自己長期漠視蘇聯政府侵犯人權的行爲，感到內疚和慚愧。爲什麼赫魯雪夫會批准這本小說的出版呢？他當然有其政治盤算。史達林逝世之後，赫魯雪夫經過政治鬥爭奪得領導權，順理成章地提出破除對史達林個人崇拜的迷信、消除鎭壓、開放改革等方案。因此，索忍尼辛的小說的出版，也可以說是配合了赫魯雪夫當時的政治方向。

強人對立較勁

在赫魯雪夫當權的十一年中，積極推動農業改革和科學技術的發展，成績不斐，經濟迅速成長。火箭技術也站上了世界領先地位，一九五七年俄國發射第一個人造衛星，接著又把第一個太空人送上太空。在國際關係方面，俄、美、英、法國等國對柏林駐軍的爭議，引致一九六一年柏林圍牆的建立，把柏林分成東西兩邊，在形式上清楚宣示了東德和西德的隔離和對立。二十八年後，柏林圍牆被拆除，成爲一九九〇年西德和東德復合統一的開端。

另外一件大事是，美國和蘇聯在一九六二年的古巴飛彈危機。當時，美國發現蘇聯在古巴建立飛彈基地，因爲古巴距離美國只有九十幾英哩，對美國的安全威脅非常大。當時的美國總統甘迺迪，面臨「進攻古巴摧毀飛彈基地，可能引起美蘇戰爭」的決定。美蘇是當時的兩個核子大國，如果打起來，後果將非常嚴重。最後，赫魯雪夫同意把飛彈從古巴撤除，交換的條件是美國也把土耳其邊境的飛彈撤除，並且承諾不會進攻古巴。這也鞏固了古巴卡斯楚統治古巴的地位。當然，消除這個危機的談判過程是相當複雜的，表面上甘迺迪強勢壓人是贏家，赫魯雪夫被迫讓步是輸家。另一件大事是，中蘇開始交惡，是實際的利益衝突，也是意識型態上的矛盾。

二次大戰後，史達林支持毛澤東在中國內戰取得政權，成立「中華人民共和國」。一九五〇年代初期，蘇聯可以說是主宰了中國的一切，大批俄國顧問爲中國引進俄國經濟發展模型：強調重工業發展，忽視農業和一般生活水準的提升。後來，赫魯雪夫和毛澤東在政策和意見上公開決裂，毛澤東推動的「大躍進」成為經濟上的大失敗，也是和蘇聯分歧的開端。在古巴飛彈危機中，毛澤東痛批赫魯雪夫的退讓決定，赫魯雪夫反駁，認為毛澤東的立場會引起核子戰爭。

有個關於兩人的笑話是，據說在大躍進的過程裡，中國老百姓生活非常貧苦，毛澤東給赫魯雪夫發了封電報說：「老百姓肚子要餓扁了，請趕快把糧食運送過來。」赫魯雪夫回電說：「沒有糧食可運送，請老百姓勒緊褲帶。」毛澤東馬上又回電：「那麼，請趕快把褲帶運送過來。」

赫魯雪夫在國際社會上給人的印象是一個缺乏修養、流氓氣息很重的政治人物。曾經在聯合國大會上，他因為對菲律賓代表的發言感到不滿，居然把鞋子脫下來在桌子上大力敲打，的確是外交圈裡罕見的怪事。

既然提到古巴危機，以及甘迺迪與赫魯雪夫的對立較勁，讓我想起另一個政治笑話。甘迺迪總統的夫人賈桂琳年輕貌美、氣質優雅，風靡一時；赫魯雪夫的夫人蓮娜則是典型的俄國歐巴桑。一九六三年，甘迺迪總統不幸在任內被刺身亡，幾年後賈桂琳改嫁世界首富之一希臘船王歐納西斯。以風趣幽默聞名的前美國國務卿季辛吉，某次和記者談起了美蘇在冷戰中的對立情形，有位記者問季辛吉，假如當時被刺殺的不是甘迺迪總統而是赫魯雪夫，世界會有什麼不同的發展呢？季辛吉說：「我可以肯定的是，赫魯雪夫的夫人不會嫁給希臘船王歐納西斯。」

永遠心繫祖國

再回到索忍尼辛的故事。他的中篇小說《伊凡傑尼索維奇的一天》得到赫魯雪夫批准，在一九六二年出版後，索忍尼辛在國際上便聲名大噪，連續又發表了好幾篇小說。可惜，赫魯雪夫不久在權力鬥爭中失敗下台，蘇聯又恢復實行嚴格的文學審查制度，嚴重地打擊並限制了索忍尼辛的寫作生涯；書被禁止出版，手稿也遭祕密警察沒收。這段時期，羅斯托波維奇收容索忍尼辛，讓他在家裡住了好幾年。

一九七〇年，索忍尼辛獲得諾貝爾文學獎，但他未被允許也不敢擅自前往瑞典領獎。他擔心一旦離開蘇聯，就再也回不來了。報章雜誌毫不留情地攻擊批評他，這時羅斯托波維奇挺身而出，爲索忍尼辛辯護、爭取言論自由。羅斯托波維奇的演奏生涯因此受到當局的騷擾干預，他在一九七四年離開蘇聯，公民權遭到剝奪。

一九七三年，索忍尼辛寫了一套書《古拉格群島》（Archipelago Gulag）在西方出版。這套書共有三冊一千八百頁，可以說是索忍尼辛最重要的著作。這套書根據索忍尼辛自己以及兩百多個被囚禁過的人的經驗，描述蘇聯勞動集中營裡的情形，包括拷問、刑求、羞辱、謀殺、暴動等等，以及這些舉動對人性的影響。索忍尼辛從理論、法律、執行等觀點把蘇聯勞動集中營的制度，追溯至列寧時代。他認爲，勞動集中營是蘇聯政治、經濟制度下產生出來的監獄系統。除政治犯外，一般罪犯甚至是犯了很輕微過失的小偷，或者無故曠職、批評政府、對上級不敬的人，都可能被關到勞動集中營裡。

讓我解釋一下，《古拉格群島》這套書的書名，古拉格群島並不是個地理名詞，英文名字是直接從俄文翻過來，Archipelago是一連串的島嶼，古拉格（Gulag）是蘇聯政府裡主管勞動集中營的部門名稱的俄文縮寫，索忍尼辛用古拉格群島這個名詞泛指蘇聯成千上百的勞動集中營，它們分散在蘇聯各地，就像一連串的島嶼。如今，「Gulag」這個字在英文裡變成「勞動集中營」的代名詞。

《古拉格群島》出版後，索忍尼辛以叛國罪名被起訴，接著被驅逐出境，剝奪他的公民權。許多人會認爲，一個用暴力統治人民的政府是不值得留戀的，被驅逐出境不正是一種解脫嗎？但是，身為一個作家、一個知識分子，離開自己的語言、文化和鄉土卻是個痛苦的抉擇，巴斯特納克和索忍尼辛都有同樣的遭遇和感受。他們兩個在獲得諾貝爾文學獎時，都放棄了前往瑞典領獎，最主要的原因是擔心去了之後，不能再回到自己的家園。

索忍尼辛在德國和瑞士停留兩年後，再轉往到美國，定居在美東北部一個偏遠小鎮，埋頭從事寫作工作。他對西方文化並不適應，並且提出嚴厲批判。他認為西方流行的電視節目、搖滾音樂是膚淺的，點出西方道德水準的沒落。雖然從小就讀英文的文學名著，又在美國住了將近二十年，但是他的英文講得並不流利。一方面反映了我之前說過的，對許多知識分子來說，拔起自己的根、移到另一個不同語言文化的環境裡，並不是件容易接受適應的事；另一方面也反映了索忍尼辛對很多事情的兩極化觀點——他不是個容易折衷的思想家。

讓我們再回到蘇聯的政治發展。赫魯雪夫下台後的二十年，蘇聯在軍事和科技上依然保持足以和美國抗衡的地位，但經濟發展卻停滯不前，落在西方國家之後。一九八五年戈巴契夫擔任總理，內政上他提出經濟改革、言論自由，以及政府資訊公開透明化的政策和方案；在國際關係上，他逐漸終止和西方的冷戰，以談判代替對立，把軍備競賽緩慢下來，因此在一九九〇年獲得諾貝爾和平獎。

戈巴契夫為俄國政治人物塑造了一個不同的形象，一反過去俄國政治人板著鐵臉，衣不稱身，言語無味的形象。他平易近人，穿著入時，退休後，還擔任美國披薩連鎖店必勝客（Pizza Hut）和法國名牌LV的代言人，在電視廣告上出現。在廣告裡，他的形象是個慈祥的祖父，以及成功的商人。

戈巴契夫是蘇聯最後的一位總理。一九九一年，蘇維埃社會主義共和國聯盟瓦解，聯盟裡的十五個國家各自獨立，聯盟裡最重要的成員俄羅斯，建立了俄羅斯聯邦，在國際社會上也承繼了許多蘇聯的位置和責任。

政治環境的變化讓索忍尼辛在一九九〇年恢復了俄國公民權，一九九四年他從美國搬回俄國，許多從前被禁的作品也得在俄國印刷發行。俄國政府設立了「索忍尼辛文學獎」，表示對他的崇敬，他則繼續寫作。正如前面所說，索忍尼辛的許多兩極化觀點，使他毀譽參半。在返回俄國十多年後，於二〇〇八年八月初逝世，享年八十九歲。

伊凡傑尼索維奇的一天

在我們的生命裡，
如果不全心全力去追求真理，
真理就會離我們而去。

《伊凡傑尼索維奇的一天》是俄國文學家索忍尼辛在一九六二年出版的中篇小說，描寫在蘇聯勞動集中營裡一個囚犯傑尼索維奇的一天。

蘇聯在史達林年代有個龐大的勞動集中營系統，政治犯、異議分子、間諜、叛徒等各式各樣的罪犯，許多甚至未經審判就被送進勞動集中營。估計在史達林統治下的二、三十年裡，有好幾百萬人被關進集中營。索忍尼辛因為在寫給朋友的信裡批評史達林，而被關八年，小說中描述的正是他自己的經驗。勞動集中營裡的日子是漫長、呆板的，一舉一動都受到完全的控制，生活條件很差，吃不飽、穿不暖，和外界幾乎是完全隔絕。

透過書中主角傑尼索維奇在勞動集中營的一天，索尼忍辛試圖描述這種生活。他選擇典型的一天，也可以說是平淡的一天，沒有大事，沒有意外，當然不可能有任何驚喜。只有一連串微不足道的小事，發生後就會忘記，發生後還會再發生，一片模糊的、無盡的灰色。完全道出了囚犯無望無助的感覺，也是被囚禁在集中營裡的最大折磨。

在集中營裡，一個人失去了在空間活動的自由，生存空間僅限於宿舍、餐廳和工地；一個人也失去了在時間裡活動的自由，生命中的十年、二十五年被剝奪。每天早上五點鐘，聽到釘鎚敲打在一段爛鐵條上發出來的聲音就得起床，不按時起床是會受到懲罰的。還有一而再、再而三地點名數人頭。

何其可貴的自由

傑尼索維奇說：「那段時間是最難忍受的，黑暗、寒冷、飢餓，以及一整天的苦工。」早點名時，還得被搜身，囚衣底下不許穿老百姓的便衣，更不能偷偷把麵包帶在身上，因爲這些都是偷跑的準備。從宿舍到工地要清點人數，進入工地要清點人數，離開工地回宿舍要清點人數。這天，一共四百六十三人進入工地，離開時，發現少了一個人，重新再清點，到處去找，原來一個傢伙在修護工場躲起來打瞌睡。這人被找出來後，人人喊打，爲了他，每個人被剝奪了半個小時的自由時間。在漫長的一天裡，每個人就只有那麼一點的自由時間——起床後吃早飯前，從工地回到宿舍吃晚飯前，那是多麼珍貴的自由時間呀！

離開工地時，不許夾帶任何東西，但每個人也都想辦法藏一點碎木破片，回到宿舍可以加到火爐裡燒火取暖。

在集中營裡，有飯吃就是件大事。麥片、大白菜、小魚……還得看運氣好不好，看負責分飯那個人給你一大杓還是一小杓，杓子是在大鍋上掠過還是從鍋底撈上來。在零下二十度的天氣裡，一碗熱的大雜燴就是莫大享受。對一個囚犯來說，除了睡覺外，早餐的十分鐘，午餐的五分鐘，晚餐的五分鐘是唯一屬於自己的時間。不管天氣多麼冷，傑尼索維奇一定慎重其事地把帽子脫下、用自己的湯匙吃飯。吃完後把湯匙抹乾淨，藏在靴子裡。吃魚時，他會整條吃得乾乾淨淨，魚頭、魚尾、魚鱗、魚眼睛都不放過。當然，碗底也是刮得乾乾淨淨。他認為，即使是最簡陋的食物，狼吞虎嚥都是種浪費；他享受一小口一小口帶來的滿足感覺，一口熱湯帶來全身的溫暖，這就是一個囚犯珍惜的片刻。

在集中營裡，和外界幾乎完全隔絕，每人每年可以寄兩封信、收兩封信。傑尼索維奇七月寄過一封信，十月才收到回信。寄一封信就像把石子丟到無底深潭裡，丟下去往下沈，沒有回音。何況，能寫些什麼呢？既不能寫自己正在做什麼，更不可能去描寫那些監管你的幹部的嘴臉。

每年收到的那兩封信也傳遞不了什麼消息。太太告訴他，村子裡正新興一種行業，用手工描繪地毯上的花紋，她說等他出來之後，也許可以從事這種工作，傑尼索維奇說我從來沒有做過，怎麼會做得來呢？被關在勞動集中營久了，連明天要做什麼都不會去規劃，哪會想到被釋放以後要做什麼、用什麼養活家庭呢？而且，好像從來也沒聽過有人監禁期滿被釋放的例子。

儘管生活艱苦，每個人還是想盡辦法，讓生活能過得好一點點。傑尼索維奇幫人家縫手套、補衣服，賺一點小錢。當他在工地發現一小段斷了的鋸片時，冒著被單獨囚禁十天的危險，把它撿起來帶回去，因爲這段鋸片可以用來修鞋子賺點小錢，可以借給別人切香腸，別人總不好意思不分你一小片；這樣的一把刀就是錢、就是食物。當他知道另一個囚犯可能有食物的包裹寄進來時，就自願替他排隊占位子領取包裹，以求被賞一兩塊餅乾、一小片香腸。省下來的一點錢就可以去跟別人買一點香菸絲，要不然看著別人抽香菸，也許人家會賞你一口，不然把菸屁股撿起來也可以抽上一兩口。

在勞動集中營裡，囚犯間爲了生存、生活，自然充滿冷漠、競爭和衝突，但是這裡都看不出仇恨，看不到暴力，依然有一絲慷慨和一點同情，能夠分享一支香菸、一片餅乾、一張舊報紙，或者兩句無可奈何的俏皮話。畢竟，這裡值得爭取的東西也實在不多。

一整天下來，傑尼索維奇滿足地躺下來睡覺，他不再埋怨，只有一個「我會撐下去」的念頭。這一天，更是沒有一片烏雲，可以說是快樂的一天。他的運氣不錯，沒有被單獨囚禁，這隊人也沒有被派到離集中營特別遠的地方去做苦工，他還順手牽羊多吃了一碗飯。在工地上建築的一道牆也做得不錯，還偷偷把撿到的一段鋸片帶回來，幫收到食物包裹的人一個忙，也買了香菸來抽。

全心全意追求真理

和這一天差不多的日子，他已經過了三千六百五十三天了，也就是十年。因爲十年裡有三年閏年，加了三天，傑尼索維奇是被判十年監禁的，到底這是不是他在勞動集中營的最後一天呢？是他算錯了，還是那只是他的幻想，就留給讀者自己去臆測了。

《伊凡傑尼索維奇的一天》出版後，索忍尼辛在國際文壇聲名大噪。隨著赫魯雪夫權力鬥爭失敗下台，蘇聯政治氣氛又再改變。索忍尼辛以叛國的罪名被起訴，被褫奪公民權，驅逐出境。在歐洲停留了兩年後，他到美國選擇在美國東北部一個小鎮定居，住了十幾年。蘇聯瓦解後，他恢復了俄國的公民權，於是搬回俄國在莫斯科附近終老。

索忍尼辛定居美國之後不久，哈佛大學頒給他榮譽博士學位，請他在畢業典禮上發表演講。在這篇演講裡，索忍尼辛直指西方政治文化的缺失。不過，我先打個岔，當索忍索辛逝世時，某位名記者敘述了一段小小的往事。她和索忍尼辛的大兒子是大學同學，有一天她到索忍尼辛的家，索忍尼辛問她：「你在大學主修什麼？」「文學」「什麼文學？」「美國文學」，索忍尼辛說：「你得知道除此之外，還有別的文學呀！」

索忍尼辛的演講是這樣開頭的：哈佛的校訓是眞理，許多人都曾經體驗過，在我們的生命裡，如果不全心全力去追求眞理，眞理就會離我們而去。眞理容易受到誤解，眞理很少是愉快的，眞理往往是難以接受的。今天我的演講裡，有若干難以接受的地方，但這些都是來自一個朋友、而不是敵人的內心話。

幸福，還是災難？

三十多年以前，世界是一分為二的兩個對立陣營：以美國為首的西方國家，和蘇聯為首的共產主義國家。但是，從十八世紀歐洲殖民主義的擴張到二次大戰以後美國的壯大，不免帶來一個天眞的想法，就是也許全世界不同的國和地區都會朝著西方的模式和制度走，那麼世界會變得一致，對立可以消除。索忍尼辛指出，沒有一個模式是遠遠超越別的模式的，改變一個模式並不容易，往往必須經由暴力。接受一個從很多角度看起來完美的模式，也必須同時接受這個模式的許多缺點。

三十年後的今天，蘇聯已經瓦解，亞洲和南美洲國家興起，第三世界依然貧窮落後。這個經驗更加印證了，起碼在短期內我們無法找到一個完美無瑕、可以普遍應用的模式。儘管如此，以美國爲首的西方模式還是有絕大影響力，因此更值得我們透過三十年前索忍尼辛的批判，看看西方政治、經濟、文化的模式。這個模式也反映了今天我們在台灣看到的許多現象：

第一，隨著國家壯大、社會繁榮而來的，往往是道德勇氣的墮落；尤其是政治上的當權者、經濟上的受益者和知識分子的精英，他們或者認爲自己是對的，或者因爲已經掌握到絕大權力，或者想要維持現狀、保護既得利益，很容易就忘記了正義、公理、體諒和同情。

一個國家往往在強權、侵略者、恐怖分子面前變得懦弱，在需要協助的落後國家、弱小族群面前變得強悍、無理；同樣，作爲社會精英的知識分子，往往在權位面前噤聲，在無知的弱者前咆哮，失去了明辨是非的勇氣，辜負了作爲社會良心、標的和榜樣的責任。

第二，西方的政治和經濟理念是「政府是爲人民服務」，人民應該有無限的機會和空間追求快樂幸福。當快樂幸福和財富劃上等號時，無止境的貪婪帶來的是錯誤的手段和殺傷力龐大的競爭；物質上的追求，不一定帶來靈性上的安詳快樂。今天，我們看到太多鉅額款項的流動，豪宅、名車的購買，首飾珠寶的贈送，帶來的不知道是幸福，還是災難？

第三、西方的法治精神帶來「只要合法，什麼都可以做」的原則，法律是由人訂定、由人解釋、由人執行，所以也往往是由人操弄的。石油公司可以合法把一個產生新能源的發明買回來，封鎖破壞，以保護自己的商業利益；食品公司可以合法推銷沒有毒卻違反健康營養原則的嬰兒食品；菸草公司可以賣明明知道對身體有害的香菸。在沒有法律規範的獨裁國家裡，處處都是危機，但在一個只有法律而缺乏其他規範的國家裡，處處都是陷阱；道德勇氣的缺乏，往往就是用法律來做擋箭牌、遮羞布，合法的謀殺，合法的貪污，合法的誹謗，中外的例子比比皆是。

第四、沒有限度的自由包容了不負責任的自由和破壞性的自由。在繁榮法治的西方社會裡，犯罪率往往比貧窮、人民得不到法律保護的社會還要高。媒體的自我放任更是嚴重，在言論自由和人民有知的權利的前提下，媒體忘記了、放棄了他們的道德責任，隨波逐流、趕時髦；「西瓜偎大邊」的媒體，是沒有盡到第四權賦予他們的責任的。高度言論自由的社會，並不完全等於是有獨立思考能力的社會。

索忍尼辛在極權主義的制度下成長，受到迫害，最後被放逐流離，但在西方社會定居下來、不到幾年之後，他看到西方社會的許多缺失。他不認為在當時，即使在今天，西方的社會模式可以囫圇吞棗、照單全收，應用到不同的國家和地區。但是，這只是個消極的結論。

沒錯，在不同的歷史地理文化背景下，不同國家和社會容許不同的政治、經濟、文化模式，但當中仍有一個共同的最大公約數，就是人性——是同情憐憫的心懷、是不屈不撓的勇氣、是不受約束的獨立精神、是超乎物質靈性上的滿足的追求、是宏觀和遠見。這個最大公約數，必須瀰漫在一個可以持續的政治、經濟社會模式裡。談到我們今天身處的繁榮進步、民主自由的社會模式時，我不禁回到傑尼索維奇在勞動集中營裡的生活，那是何等不同的生活模式，但在那裡，我們也隱約看到了前面所講的最大公約數。

追求人性的真、人性的美，不是時空環境可以限制和改變的。

一公尺有多長？

標準化是聽起來簡單、做起來非常複雜的事。以長度來講，有公尺、公里，也有英尺、英里。大家知道一公尺等於三・二八一英尺。那麼，一公尺又是怎麼定出來的呢？

中國儒家經典裡，有所謂四書五經，四書就是孔子門生編纂的《論語》、孟子寫的《孟子》、曾子寫的《大學》和子思寫的《中庸》；五經就是《詩經》、《尚書》、《禮記》、《易經》和《春秋》。

《禮記》蒐集了孔子學生及戰國時期儒家學者的作品，目前流傳的共有五十九篇。其中一篇〈祭義〉裡，有段闡述「孝」的意義。狹義地說，「孝」就是聆聽順從父母的話；廣義來說，我們聽了父母的教訓，更要身體力行。如何照顧自己，如何對人，如何做事，都要遵從、彰顯父母的教訓，所以，孝順父母就是要做一個堂堂正正、對國家社會有所貢獻的人。〈祭義〉裡也提到，「孝」這個道理，沒有時間、空間的限制，「推而放諸東海而準、推而放諸西海而準、推而放諸南海而準、推而放諸北海而準」。這正是「推而放諸四海而皆準」這句成語的出處。

今天，我的題目不是談孝道，而是想談談「放諸四海而皆準」這句話。我們都用這句話形容不會隨時空環境變化的眞理和原則，例如和平、博愛、誠實、善良……但是，身爲科技人，我想從不同角度來看看這句話。

標準化讓世界更平

秦始皇統一中國後，曾說：「一法度衡石丈尺，車同軌，書同文。」希望用統一的規格來量度重量、長度和容積，用統一的規格決定車子寬度，以及使用同樣的文字。用現代的說法，就是標準化（standardization），標準化之後，不正是放諸四海而皆準嗎？我同時又想起一本暢銷書《世界是平的》（The world is Flat），說的也是當世界又小又平的時候，在四海之內，溝通合作都會變得很方便，許多觀念和方法也都是放諸四海而皆準了。

先從標準化談起。大家都知道，標準化是聽起來簡單、做起來非常複雜的事。以長度來講，現在世界上計算距離、長度都是用公尺、公里來量度，也有些地區用英尺、英里。一公尺等於多少英尺呢？答案是三・二八一英尺。那麼，一公尺又是怎麼定出來的呢？

十八世紀時，有個定義說「一公尺是北極到赤道距離的千萬分之一」。從北極到赤道的距離又是多少？那時，法國科學院還組了一支探險隊去決定這個距離，當然這些可以說是噱頭，反正最後的結果是，做了一把被公認是一公尺的標準尺。隨著科學進步，因爲光的速度是固定的，所以，我們將光在眞空中一秒鐘走的距離定爲兩億九千九百七十九萬兩千四百五十八公尺。在實驗室裡，量度光的速度相當複雜，一個實用的做法是，用一種雷射（helium-neon laser）在眞空中發出來的光波長，來做一公尺的長度近似值。當然到了今天，精密地測量距離長度已不再是科學家在實驗室裡玩的遊戲了。例如，當我們講到半導體產業四十五奈米技術時，一奈米就是一公尺的十億分之一。如果一公尺的長度有些許差誤，影響就很大了。

那麼，一公斤是多少磅呢？答案是二・二〇五；一公升是多少加侖呢？那就更麻煩了，一公升大約是〇・二六四一七美式加侖，約是〇・二一九九七英式加侖。所以，你去買汽油的時候，一公升的價錢乘四，大約就是在美國一加侖汽油的價錢。再考你一個問題，請馬上回答：英式跟美式加侖哪個比較多？（一英式加侖等於四・五四六一公升，一美式加侖等於三・七八五四公升）

至於溫度呢？在台灣和多數其他國家都用攝氏溫度（Celsius），源自於十八世紀某位瑞典天文學家的名字；水的冰點是零度，沸點是一百度。另一方面，美國及少數幾國則用華氏溫度（Fahrenheit），源自十八世紀一位德國物理學家華倫海特（Daniel Gabriel Fahrenheit）的名字；水的冰點是三十二度，沸點是兩百一十二度。我們念小學時，都要背誦華氏、攝氏間的換算公式。例如，一個健康人的體溫約是攝氏三六．八度，就是華氏的九八．二四度。

「不標準」困擾多

很多年以前，我受邀到加拿大的一所大學演講，那是嚴冬二月天，冷得不得了，接機友人說，今天眞冷，溫度只有零下四十度。身爲工程師，我認爲他話說得不夠清楚，馬上追問是攝氏零下四十度，還是華氏零下四十度？他笑著問我：「你說呢？」原來他是要逗我，讓我露出馬腳——攝氏零下四十度也正是華氏零下四十度。

由此可知，秦始皇的「一法度衡石丈尺」可不是件簡單的事。尤其隨科學越來越進步，需要的精密度越高，標準化更是重要。

至於「車同軌」呢？其實，就是硬體的標準化。大家可以想像得到，古代交通還不發達的時候，車子的大小是由人隨意決定的。秦始皇爲興建當時稱爲「馳道」，也就是今天所謂高速公路的時候，規定車子和道路寬度都要標準化、一致化，兩輪間的距離統一爲六尺，其用意和目的都相當明顯。今天，我們的小客車、大貨車都有一定的規格，也是基於同樣的出發點。

至於鐵路呢？全世界六〇％以上的地方，鐵路軌道的標準寬度是四英尺八．五英寸，就是一．四三五公尺。這個標準源自十九世紀，有人說，英國鐵路是沿著羅馬帝國留下的古蹟發展而來的，羅馬帝國的戰車輪子間距差不多就是這個寬度。

近年來，捷運和高鐵的建造，也常因規格的不一致，造成許多工程上的問題，「八國聯軍」畢竟不容易聯合起來。

站在使用者和製造者的觀點來看，標準化非常重要。當我們去百貨公司買西裝，只要告訴售貨員，「我要一套五十號的西裝」，那麼，不管什麼牌子就是合身的西裝了。但是，五十號是歐洲規格，換成美國規格就變成四十號，所以在服裝這個行業裡，全世界還沒有完全做到「車同軌」的地步。當我去配眼鏡時，我也搞不清楚什麼是正一百，什麼是負兩百五十，但全世界任何一個地方的驗光師和眼鏡店，都能輕而易舉地替我驗光，按照驗光結果幫我打造一付正確合用的眼鏡。

今天，當我們到各地旅行，仍有一個讓我們頭疼的小問題，就是不同地方的電力系統，還沒有完全標準化；有些地方是兩百三十伏特，有些地方是一百一十伏特。高電壓會把低電壓的電器燒壞，低電壓帶不動高電壓的電器。另一個頭疼問題，就是插頭和插座無法配合；有些插頭的兩支腳是扁平的，有些插頭的兩支腳是圓的，還有些插頭是三支腳。一般家用電器都是用單相（single phase）的電力，電力傳輸時只通過兩支腳，一來一回；第三支腳只是爲了安全需要，當意外發生時，讓不正常的電流能流到電壓爲零的安全點。

此外，手機充電用的連接器，不僅不同廠商的連接器無法通用，甚至同一個廠商不同型號的手機連接器也不能通用，非得一台手機配一台連接器。在今天每個人有幾台手機，一家人可能有十來台手機的情形下，實在亂得不得了。爲什麼手機廠商沒把手機充電用的連接器標準化呢？一個解釋是，手機市場還處於戰國時代，各人打各人的仗，沒人有心思和意願坐下來好好溝通。

順道一提，目前手機充電都是讓電流經由連接器，以及手機裡的充電線路，但另一個可能則是經由電磁感應來充電。電磁感應不需要連接器，說得輕鬆玄妙些，就是「隔空送電」，也就是變壓器的基本原理。

假如家裡有電動牙刷的話，應該就會發現電動牙刷都是利用電磁感應的原理來充電的。只要把電動牙刷放在牙刷充電座上，不需要連接器，就可以充電了。現在有工程師在設計一個平板，只要把手機放在平板上，就可以通過電磁感應來充電。也許一家大小，每天下了班、下了課，把自己的手機往平板上一放，過陣子，手機就充好電了，這就是「放諸四海而皆準」。站在電機工程技術的觀點來看，這是絕對可行的。如果希望手機製造商都製造用這種方式來充電的手機，就是「車同軌」的問題了。

誰來定標準？

從製造者的觀點來看，標準化更是個重要課題。當世界變得更小更平時，分工會越來越細；不同的分工，往往由不同的製造商負責進行。一台電腦有上百個不同元件，分別由不同供應商來供應。在晶片製造過程裡，上游材料和儀器的供應，中間的製造過程，以及後段封裝測試，都是一貫的作業，天衣無縫，依賴的就是標準化；每個電腦的元件，每步製造過程，都可以放諸四海皆準，依賴的也是標準化。

然而，標準化不是件說做就能做的事，當有不同的標準可以被選擇採納時，誰有權力來做這個決定？尤其在全球化的今天，很難有一個有絕對權力的機構來下「車同軌」的命令。何況在不同的標準中，該如何做出選擇？首先，有技術上的考量，不同的考量往往不易明確分出高下。例如，今天的第二代2G的行動電話，就有三種不同的主要技術標準GSM（Global System for Mobile Communication）、CDMA（Code Division Multiple Access）和TDMA（Time Division Multiple Access），要問哪種技術最占優勢，難免各說各話。

其次，在標準的選擇上還有傳統包袱的挑戰。要將行之已久的標準改過來，並不簡單。記得二、三十年前，美國曾經考慮把公路上標示距離的路牌從英里改成公里，後來發現，不但要花不少錢，一般人也無法適應。如果三百英里的車程約需要五個小時，那三百公里需要多少時間呢？開玩笑地說，老美的數學多半不太靈光，所以就不了了之。第三，在標準的選擇上也有政治考量，政治就是國力的展示，我是政治大國，就要當技術大國，聲音當然比較大。最後，標準的選擇往往代表著龐大的經濟利益，所以廠商間的角力，更是遠遠超過技術上的考量。

最後，讓我問個簡單的例子做結束。在台灣的公路上，車子都是靠右行駛，美國也是如此，但在英國、日本、泰國、香港車子卻是靠左行駛。全世界六六%的人口，開車靠右走；三四％的人口，開車靠左走，單是靠右靠左，不但把人搞糊塗，也增加了意外發生的機率。如果從一個靠左走的地方，通過邊境進入靠右走的地方，例如從香港開車到深圳，通過邊境的時候，行車路線的交叉轉換想必相當混亂。爲什麼不把行車方向全球一致化呢？你馬上可以想像到要耗費多少人力物力。

當瑞典決定將靠左走改成靠右走的時候，選定了一九六七年九月三十日凌晨五點作爲轉換的時間點，轉換前四小時，轉換後一小時，私人車輛不許上路，讓工程人員把路上標誌訊號改過來，而且一個月之內，行車速度也基於安全理由全面降低。

可見，改換一個小小的標準，可不是一件小事。

放諸四海而皆準

海之所以為海，因海能接納大小河川，才成為大海。當我們談科技上的標準化，或者社會共同理念的建立時，也應像海一樣，尊重和容納不同意見。

「放諸四海而皆準」也可以用來代表任何普世價值，例如孝道、和平、博愛、誠實、善良等，廣被接受、遵奉、力行的崇高的理念和原則。

從工程科技的觀點來看，這句話可以解釋爲「世上每個地方都可以適用的標準化規格和產品」，正是秦始皇統一中國後的做法。所謂「一法度衡石丈尺、車同軌、書同文」，和最近非常流行「世界是平的、是小的」的概念相互呼應。全球化讓世界變小，很多事情都可以放諸四海而皆準。

從工程科技的觀點來看，標準化帶來方便和效率，但說起來簡單，做起來卻不容易。基於歷史和傳統，那麼多年來被多數人接受、習慣了某個標準，沒有必要、也不容易改換到另一個標準。或者基於技術的觀點，各說各話，互不相讓；也或者因爲龐大的經濟利益，沒有人願意放棄自訂的標準及其背後的市場。

來看一些有趣的例子。在台灣和許多地方，我們都是用A4紙作爲標準公文用紙，大小是二十一乘以二十九．七公分，這是根據一個國際標準ISO216決定的。但美國和另一些國家，標準公文用紙的大小是八吋半乘以十一吋，就是二十一．五九公分乘以二十七．九四公分，比A4紙寬一點點，卻短了將近兩公分。用不同的紙印出來的文件大小就會不同，影響到影印機、傳眞機、裝訂機的設計和製造。今天，這兩個標準已是壁壘分明，看不出誰可能會改變。

錄放影機大戰

另一個有趣的故事是，一九七五年錄放機規格的一場大戰。當時，日本、美國、歐洲有幾家消費電子產品公司推出影像的錄放機，可將電視和電影的影像、聲音錄在磁帶上，再從磁帶播出來觀看（磁帶的基本功能和觀念，和DVD是一樣，可以錄影、播放）。然而，設計這麼一個錄放影機，不同公司的工程規格卻是不同，例如影像訊號用什麼格式記錄在磁帶上，磁帶寬度是多少，速度是多少等等。最好的情況是，大家都用同一規格記錄的磁帶，只能夠在同樣規格的錄放機播放。這正是沒有標準化的問題。

結果，日本的Sony公司在一九七五年推出一款叫作Betamax的錄放機，緊接著JVC公司在一九七六年推出名爲VHS的錄放機（Video Home System）。兩種錄放機規格完全不同，在市場引起大戰。最後，Betamax被VHS打敗，Sony在一九八八年宣布投降，開始製造VHS規格的錄放影機。事實上，這場戰爭並不是技術面的戰爭，一般的說法是，Betamax的技術稍微好些，例如影像清晰度比較高。決勝點是在出租錄影帶的市場，某種規格的出租錄影帶比較多，消費者就傾向購買那一種規格的錄放機。換句話說，是內容決定了勝負；如何說服提供內容的電影商採用某種規格來製作錄影帶，才是最重要的關鍵。

另外一個有趣的關鍵是，Betamax傾向只賣不租他們的錄放機，VHS比較願意出租他們的錄放機。那時，錄放機的價格滿高（當時我在美國，就花一千三百美元買了一台Betamax），再者大家普遍有個心態，認爲錄影技術不斷在改進更新，租比買適當。當使用VHS錄放機的人越多，用VHS規格製作的錄影帶也越多，可以說是水幫魚、魚幫水，讓VHS規格占了上風。此外，還有其他的因素，例如VHS一捲帶子的錄影時間比較長，VHS比較願意授權開放他的技術給其他製造商，Betamax則比較不願意。還有，VHS錄放影機的價格比Betamax要低。

如今，在影音錄放的這個領域，下一場規格大戰又已經開打。這是怎樣的一場大戰呢？

Betamax和ＶＨＳ的錄放系統是把影像聲音存在磁帶上，而新的錄放系統是用光學技術把影像聲音存放在光碟上，就是大家都熟悉的ＣＤ、ＶＣＤ、ＤＶＤ。在磁帶技術上，我們用磁頭透過磁力感應把資料寫在磁帶上，再從磁帶上讀出來；在光碟技術上，我們用雷射發出的光把資料寫在光碟上，再從光碟上把資料讀出來。雷射可以發出紅光、綠光、藍光，用什麼顏色的雷射光來讀和寫，正是技術的最大關鍵。在可見光的光譜裡，紅色的波最長，約七百奈米；綠色的波長居中，約五百奈米；藍色的波長最短，約四百奈米。雷射的光波越短，在光碟上儲存資料的密度越大，所以用藍光雷射的光碟要比用紅光雷射的光碟，多存儲四倍的資料。

雷射是在一九六〇年代發明的，到了一九八二年，ＣＤ（Compact Disc）就已經上市。ＣＤ用的是波長七百八十奈米的紅光，後來逐漸演進成為ＤＶＤ（Digital Video Disc），用的是波長六百五十奈米的紅光。如同前面所說的，ＤＶＤ跟大小相同的ＣＤ比較，容量多了三至五倍。

對從事雷射研究的科學家來說，如何製造發藍光的雷射是個重要問題。許多大公司的研發部門，二十多年都做不出結果。直到一九九〇年初期，日本的日亞化學公司裡，一個寂寂無名的研究員中村修二，終於把藍色的發光二極管（Blue LED）和藍色的雷射二極管（Blue Laser Diode）做出來了。中村修二在一九七九年得到碩士學位後，進入日亞化學的研發部門，當時整個研發部門只有三個人。他努力工作十年，研發出的成品都賣不了錢，但是他繼續努力，終於有了驚天動地的突破。一九九九年，他被美國加州大學聖塔芭芭拉（UC Santa Barbara）挖角當教授，並在二〇〇六年獲得芬蘭的千禧年科技獎；這個獎每兩年頒發一次，獎金有一百萬歐元，可說是科學技術裡的諾貝爾獎。中村修二發明了藍光的發光二極管和雷射二極管，爲日亞賺進至少兩億美金，但是按照日本公司的慣例，公司只給了他兩百美元的獎金。二〇〇一年他向法庭提出告訴，法庭判日亞應給他一億八千萬美元的獎金，不過後來雙方達成協議，將獎金定爲七百萬美金。

互通和相容的必要

藍光的波長只有四百零五奈米，儲存資料的容量比紅光增加三至五倍。藍光雷射光碟規格的建立，全球有兩大陣營，一個是叫作Blue Ray Disc，另外一個叫作ＨＤ ＤＶＤ（High Definition DVD），所有重要的電子製造廠商，都在參與這兩個規格的討論和建立。正如前面所提的ＶＨＳ和Betamax錄放影機的競爭，光碟規格的競爭將會更熱鬧、更激烈，因爲牽涉到的經濟利益非常龐大。將來鹿死誰手，或者共創雙贏，都是目前無法預測的事。

當然，單一的標準和規格，有其方便和效率。但在一個開放進步的環境中，彼此不同、甚至相互競爭、彼此衝突的標準和規格的發展和存在，也是必然的事。在兩個極端的中間，存在兩個重要的技術觀念，一是互通（interoperable），一是相容（compatible）。

互通指的是，經由介面讓不同規格的系統合作互動。當我們外出旅行的時候，可以帶一個變壓器和一個萬用插頭，不管當地電力系統的規格、插座的規格，以及我們帶的電器插頭是什麼規格，都不會有問題了。

相容指的是讓不同規格能相互容納和接受。一個很實在、也很重要的例子是，當一個舊技術演變成新技術時，新的規格會把舊的規格列入考量，希望舊規格的系統還是能在新規格的系統中繼續運作。例如，目前藍光雷射光碟規格的設定中，都把舊的紅光雷射CD、DVD使用列入考量，以便能在藍光雷射光碟中繼續使用，這就是「後顧相容」（backward compatibility）。

一個很好的例子是，黑白和彩色電視系統的相容問題。雖然今天很少人看過黑白電視，不過當黑白電視演進爲彩色電視時，在規格的訂定上，可以做到當電視台播放黑白節目時，黑白電視機收到的是黑白影像，彩色電視機收到的也是黑白影像；而當電視台播放彩色節目時，黑白電視機收到的是黑白影像，彩色電視機收到的就是彩色影像。這就是相容。簡單地說，黑白電視每個像素（pixel）只有黑白亮度一個訊號，彩色電視中，每個像素有三個不同顏色的訊號，可是，黑白和彩色影像占的頻寬都是六個兆赫（megahertz），技術上如何解決這些相容問題呢？

從電視技術的進步和規格的建立來看，過去幾十年的標準清晰度電視（Standard Definition TV，ＳＤＴＶ），到目前的高清晰度電視（High Definition TV，ＨＤＴＶ），電視影像的輸送是把一張圖片分成若干條線，每條線再分成若干像素。在標準清晰度電視裡，畫面大約分成四百八十條，每條線再分成七百二十像素；在高清晰度電視裡，畫面會分成一千零八十或者一千兩百八十條線，每條線分成一千兩百八十或者一千九百二十個像素。很明顯地，像素的總數增加，畫面的清晰度就會增加，也帶來了許多新的播放、存檔技術問題。因此，ＨＤＴＶ的規格還在建立、調整之中。目前，已有幾個得到相當共識、但並未塵埃落定的規格。至於ＨＤＴＶ和ＳＤＴＶ的相容問題，技術上並不容易，也不是當務之急，恐怕ＳＤＴＶ會慢慢被淘汰了。

我們從「放諸四海而皆準」、「車同軌」，講到標準化，再談到高科技的發展，讓我想起一句老話「海納百川，有容乃大」。海之所以爲海，因海能夠接納、收納大小各種河川，才成爲大海。

當我們談科技上的標準化、互通和相容，會想到這句話；當我們談社會共同理念的建立、共同目標的追求，去異求同，也要尊重和容納不同的意見，不禁也想到這句話。

世界是平的

語言文字是人類傳遞交換訊息和理念的工具，
也是溝通合作最重要的工具。
有沒有所謂標準英文、標準中文、標準日文呢？

談到標準化，一定不能不提暢銷書《世界是平的》裡面提到的全球化現象。這本書指出，從一九五〇年代開始，電腦和通訊科技的發展，帶來十股像推土機般的力量，把世界變得更小、更平了。

這十股重要力量包括網際網路、瀏覽器、搜索引擎、開放自由軟體、工作流軟體、供應鏈、外包、岸外生產等這些觀念和技術。我覺得，在這十股力量發動以前，有三股更基本、更重要的力量讓世界變得更小更平，那就是文字語言、教育和運輸交通的全球化。接下來，我想談談語言文字的全球化，這也正是秦始皇「書同文」的政策。

語言文字是人類傳遞交換訊息和理念的工具，也是溝通合作最重要的工具。在二十一世紀的今天，毫無疑問，英文是世界上最重要的共同語言。從十七世紀開始，英國崛起成爲世界上最大的強國，到了二十世紀初期，大英帝國包括了全世界四分之一的人口，也包括了全世界四分之一的陸地，有「日不落帝國」之稱。接著，在二次大戰以後，美國獨掌全世界政治、經濟、工業、軍事的牛耳，英文自然成爲全世界的官方語言了。在全球化的大環境下，大家都知道英文教育的重要，也常舉印度和新加坡的經驗說明，因爲這兩國的多數人民能夠說流利英文，所以在全球化的競爭方面占了不少上風。在台灣，大家也相當努力推動英文的語文教育，因爲我們知道英文已是四海之內都通用的溝通工具，唯有充分掌握這個工具，才能走遍四海而皆通。

語文不簡單

那麼，有沒有所謂標準的英文、標準的中文、標準的日文呢？這是個很有趣的問題，語言文字有其嚴謹規範的一面，也有靈活變化的一面。大家都知道，語言在文法和發音方面都有清楚嚴格的規則，對就是對，錯就是錯，以減少表達和溝通上的模糊地方。

例如，「火」就是我們的老祖宗燧人氏「鑽木取火」的「火」，兩個火就是炎熱的「炎」；三個火呢？上面一個火，下面兩個火並排，「焱」，念「ㄧㄢˋ」；四個火排正方形排，「燚」，念「ㄧˋ」。在中文說「他來看我」，英文的說法是「He comes to see me.」，這是指有位男性來看我，「She came to see me.」則是有位女性來看我，而且是過去式，因爲「came」是過去式。任何一個語言，如果能按照正確的文法來說，含義將非常清楚，否則鐵定一片混亂。

有人說，中文的文法非常簡單，幾乎沒什麼規則；英文的文法還不算複雜；法文和日文的文法，規則就多了。但是，正因爲中文沒有很多文法上的規則，外國人學中文反而覺得非常困難，不容易弄清楚說法的對錯。

發音也很重要。發音不正確的話，別人根本不知道你說什麼，尤其現在世界上講英文的人很多，每個地區講的英文，多少都有點當地口音，能用純正的發音可以大大增加別人聽得懂的機會。還有字和詞的意義，也必須用得正確和精準，「love」是愛，「like」是喜歡，「hope」是希望，「expect」是預期，「answer」是回答，「respond」是回應，「discuss」是討論，「debate」是辯論，「argue」就有點爭論的意思了。字典就是字和詞正確含義的依據，學任何一種語文，都必須養成使用字典的習慣，這也正是標準化的原則。任何一個語言，文法、發音、字和詞的含義，都有相當明確的規範。「有字讀字，無字讀邊」這絕對不是放諸四海而皆準的標準。

中文另一個難的地方，就是在經過長時間的語音演變，字形和聲音的關連變得微薄了。一滴水的「滴」字和摘取的「摘」字；光復的「復」字和剛「愎」自用的「愎」字；做大官的「官」字和草菅人命的「菅」字，不會念的時候，不能靠猜，一定得翻字典。很多其他語言都可以按照字的寫法來發音，不過在英文中同樣一個字母會有不同發音，「all」的 a 是發短音，「age」的 a 是發長音；英文有不發音的字母，例如「psychology」的 p 是不發音的，「Feburary」的 r 也不發音。俄文、德文則每個音節都發音。

法文又有法文的麻煩，有些字的尾音不發音。我在美國伊利諾州住了很多年，伊利諾州的州名來自法文「Illinois」，字尾的 s 不發音；法文又有連音（liaison）的規則，兩個相連的字，第一個的尾音連到第二個字成爲第二個字的首音，例如「ous avez」這兩個字就有連音的發音。

至於字的正確寫法，當然也很重要。現在有了電腦的輔助，英文字怎麼拼，中文字怎樣寫，大家越來越不在意，反正電腦會把錯誤改過來。尤其是中文字裡，同音字特別多，就是所謂「白字」。

有兩個關於寫錯字的笑話。有個學生到外地讀書，給爸爸寫了一封信說：「爸爸這裡常常下雨，同學們都有『命』，我沒有『命』，請您趕快寄錢來，讓我買『命』。」原來，他把「傘」寫成「命」。另外，有個學生的日記上寫：「我的祖父『去勢』了，大家都很哀傷。」他把「去世」寫成「去勢」，可以說是去世不同，悲傷則一。

不斷成長，與時俱進

語言文字是活的，受到別的語言文字影響、地區方言的影響，本身也會隨著時間改變。所以，所謂純正的英文、日文、中文都是很難下定義的，這和我們前面強調的不同規格科技產品的相容性（compatibility），異曲同工。尤其是「海納百川，有容乃大」這句話，正可以解釋一個語言吸納了別的語言的部分，而一個語言也會逐漸從內部演變。

大家都知道，英語有所謂英式和美式英文。過去兩、三百年，英式英文在北美洲逐漸演變成了美式英文，兩者的發音稍有不同。習慣之後，其實並不困難。例如「schedule」這個字，英式的發音不同於美式；「color」這個字，英式的拼法是「colour」，美式的拼法是「color」。事實上，英文裡有很多從拉丁文、法文，甚至中文衍生過來。「lingua franca」來自義大利文，是共同語言的意思；「quid pro quo」來自拉丁文，是相等價值的交換的意思；當我們收到一張請帖時，上面往往寫著「RSVP」，那是法文「請您回覆」的意思：「coolie」來自中文的「苦力」，但是中文的苦力又是來自印度語。

至於新創的字呢？一個例子就是「google」這個字，Google是家大約十年前在美國成立的高科技公司，最重要的產品是一個網路資訊搜索引擎，產品名稱就叫作「Google」。今天在字典裡，你可以找到「google」這個字，它已經正式成爲通用的動詞，就是「用網路搜索引擎去找資料」的意思。現在我們會說：「這間公司的總部在哪裡，去google一下吧！」

日文也有許多從法文、英文而來的外來字：菜單是「menyu-」，源自法文「menu」；「mi ru ku」是牛奶，源自英文「milk」；「kon ku ri to」是混凝土，來自英文「concrete」；「apato」是公寓，來自英文「apartment」；「sa ra ri man」是受薪階級，來自英文的「salary man」。法國人對所謂正統的法文至爲重視，其實在十七世紀前後，法文是很重要的世界語言，甚至被公認爲外交界的正式語言。當時全國最高學術機構法蘭西斯學院的一個重責大任，就是以官方機構的身分，來訂定正統法文的文法、字和詞彙，特別注意避免法文受到英文的影響，尤其是高科技的名詞。例如，電腦他們不叫「computer」，而叫作「ordinateur」；軟體不叫「software」，叫作「logiciel」。不過，講到麥當勞漢堡，法國人還是投降了，跟美國人一樣發音是umbersha，那是「hamburger」的法文發音。

至於中文呢？大客車叫「巴士」，來自英文的「bus」；計程車叫作「的士」，來自英文的「taxi」；一打玫瑰的「打」來自英文的「dozen」；粉絲來自英文的「fans」；開車的司機叫作「運將」，飯盒叫作「便當」，一級棒是「第一名」，都是來自日文。「埋單」是「結帳」，「搞掂」是把事情做好、擺平，則是來自廣東話。這些詞和語，多半先出現在口語裡，再漸漸成文字的一部分。

談到語言文字的演進和改變，中文繁體字和簡體字的差異，就是同一個字有不同寫法。這種情形在別的語言裡，並不多見。幾千年來，中國書法裡，已經有篆書、隸書、草書和行書，同一個字筆劃往往不同，也許是爲了書法的藝術化，也許是爲了筆劃的簡單化，尤其是行書和草書，把筆劃簡化的目的是希望字可以寫得比較快。的確，篆書、隸書、行書、草書、繁體字（或者有人叫作正體字）、簡體字，可以看成中國文字的不同書寫規格。多年以來，繁體字被多數人公認爲是標準的規格，如果我們想要改變這個規格，可以經由學者專家的討論，或者經由長時間的使用後形成共同選擇，這都是文字語言演進的過程。二〇〇七年十一月初，由台灣、中國、日本、韓國學者參與的國際漢學會，決定製作統一字形的五、六千個漢字標準字。報導指出，他們將以繁體字爲主，但保留已有的簡體字，這是條艱辛卻必須要走的路。

今天，不同語言的詞彙經常互相翻譯，所以除了「書同文」之外，同樣重要的原則就是「譯同文」。一個英文詞語往往有不同翻譯，正是標準化做得不徹底所致。「internet」這個字，有人翻做網際網路，有人翻成互聯網，也有人翻成因特網，這是音譯；「laser」翻成雷射是音譯，翻成激光是意譯；王建民最拿手投的一種球「sinker」音譯是伸卡球，意譯是下降球；「nanometer」是一公尺的十億分之一，有人翻成「納米」，有人翻成「奈米」，都是音譯。至於「meter」翻成「米」，行之已久，是大家都接受的翻譯了。

中國文學史上最有影響的翻譯大師嚴復說過：「譯事三難，信、達、雅。」就是說翻譯有三個不容易做到的層次，信是忠於原著，達是讓別人看得懂，雅則是高雅，可以說是從文學觀點出發的要求。

譯同文，就算是從科學技術觀點所做的最低要求吧！

法國大革命

狄更斯在《雙城記》中有句流傳非常廣的話：「那是最美好的時代，也是最糟糕的時代。」到底這是個什麼樣的時代？

從一六四三年開始到一七九一年的一百五十年中，法國三位皇帝分別是路易十四、十五和十六，接下來則是拿破崙。拿破崙在一八〇四年到一八一五年共當了十年皇帝。

路易十四，五歲不到就登基做皇帝，到七十七歲去世，在位七十二年。在他的統治下，大大提升了法國在軍事、政治和文化上的地位。政治上，路易十四成功建立了中央集權的政體。他講過一句話：「L'Etat, C'est moi!」翻成英文是「I am the state.」，翻成中文可說是「朕即天下，天下即朕！」中國的康熙皇帝則說過一句比較謙虛的話：「萬姓安，即朕之安；天下福，即朕之福。」意思是「老百姓能夠安樂，我就安樂；天下有福，就是我的福」。

路易十四任內，對外打了三場大仗、兩場小仗，大大擴展了法國殖民地的版圖，遠及美洲、亞洲和非洲。舉個例子，美國路易斯安那州（Louisiana）的名字，就是源自法文，表達對路易十四的尊敬。此外，還有兩場內戰，可說是根源於對君主極權的反抗，以及因對外戰爭的費用而引起的稅收問題。在經濟方面，路易十四任用了一位能幹的財政部長，建立有效的稅收法令，徵收關稅、鹽稅、地稅，也經由商務貿易增加國庫收入。在文藝建築方面，路易十四手筆很大，巴黎附近豪華的凡爾賽宮便是他任內建造的，巴黎鐵塔附近的軍用醫院（Hotel de Invalides）也是他建的。去過巴黎的朋友應該記得，軍用醫院有個壯觀的金色圓頂，拿破崙的墓也是在那裡。此外，他也擴建了羅浮宮。有些歷史學家還把路易十四統治的七十二年稱爲「偉大的世紀」。然而，他的豪奢生活終究弄得國庫空虛，有關賦稅的問題也引起相當大的動盪不安。路易十四去世後，傳位給他的曾孫，就是路易十五。

宮廷風雲，中外皆然

路易十四的故事，也讓我們想起清朝的康熙皇帝。康熙八歲登基，在位六十一年，執政期間，平定了吳三桂等三藩的勢力，派施琅攻取台灣，驅逐侵略東北黑龍江的俄國人；政治方面，整頓吏治，執行考核制度；經濟方面，放寬墾荒地的免稅年限；學術方面，康熙字典、康熙永年曆法都是由他推動編纂的。所以，康熙在位期間也被臣民稱爲「康熙盛世」，可是到了統治末期，吏治腐敗，賦稅不均，貪污風氣熾盛，國庫空虛。康熙傳位給四子，就是雍正皇帝，光是這個傳位的故事，三天三夜也講不完了。

我們還是回到法國歷史。路易十四去世時，嫡傳的兒子、孫子都已早逝，由曾孫繼位，就是路易十五。路易十五登基時，只有四歲，所以誰能夠掌治理國家的大權，是個大問題。按照傳統，應該是路易十四的一個姪兒，也就是路易十五的一位叔祖。但是，路易十四臨死前立了遺囑，把自己的兩個私生子變爲合法的兒子，讓他們有法律依據，將來可以承繼路易十五。宮廷中承繼的問題，引起權力爭奪，在路易十五的年代如此，古今中外何嘗不是如此。路易十五被看成庸碌無能的皇帝，無力改善路易十四留下的一堆經濟財務的問題。不過，在清朝歷史裡，雍正大刀闊斧，反倒整頓了許多康熙遺留下來的問題。

除了無能之外，路易十五的私生活也受到許多批評。他登基時，被稱爲「最受愛戴的皇帝」（The well-beloved），到晚年被稱爲「最受憎恨的皇帝」（The well-hated）；路易十五執政期間的問題，繼續困擾著繼任者路易十六，也逐漸導引到法國大革命的發生。順便一提，巴黎有名的協和廣場（Place de la Concorde），原來叫路易十五廣場，就是路易十五的一位情婦所推動興建的。

路易十五死後，他的孫子繼位，就是路易十六。他是個愛慕虛榮、平庸、無能的皇帝，無力改善當時法國非常惡劣的經濟情形，終於引發了「法國大革命」。平心而論，法國惡劣的經濟情形和賦稅問題，在路易十四時已經浮現。一般認爲，法國大革命有三條導火線：第一是國家嚴重負債，稅收改革失敗，老百姓連麵包都沒得吃；第二是多年來不平等的階級制度；第三則是路易十六和他的瑪麗皇后過著豪奢的生活，引發人民反感。

我無法在此把法國大革命的歷史詳加敘述和分析，只能談談幾個關鍵點。整個歷史的重要時間點是一七八九年，也就是路易十六登基後十五年。當時，他面臨了階級不平等的問題，不得不召開「三級會議」。

幾百年來，在君主制度之下，法國有個代議制的「三級會議」，代表教會、貴族和平民三個階級，但這是個不平衡的代表組織。第一個階級是教會，只有十萬人；第二個階級是貴族，只有四十萬人；第三個階級是中產階級和平民，有二千五百萬人。但是，三級會議裡，每個等級的代表人數是一樣的，所以教會和貴族聯合起來，就可以多數票壓倒平民代表。而且，自從一六一四年（距離當時一百七十五年前），這個三級會議就沒有開過會了。在一七八九年的三級會議中，第三個階級的平民代表提出，成立人民有均衡代表的國民代表大會（National Assembly），經過許多爭議，路易十六立法訂定國民代表大會的成立，教會和貴族也同意放棄特權。

路易十六接受了國民代表大會的成立，但是整個法國已經在動亂了。歷史學家把法國大革命分爲三個時期，第一個時期是一七八九～一七九二年，就是國民代表大會成立的前三年，政府還可以透過國民代表大會解決很多地方問題；第二個時期是一七九二年，激進分子取代了中產階級分子和改良派，成爲革命領袖，到處發生暴動，把路易十六和瑪麗皇后送上斷頭台；到了一七九四年，中產階級的領導人驅除了激進分子，回復領導地位，一七九七年推舉拿破崙領導政府，法國大革命就算結束了。

皇后與音樂神童

讓我們離開嚴肅枯燥的歷史，談些有趣的小故事。路易十六的瑪麗皇后是奧地利的一位公主，依照野史記載，她小時候就認識莫札特。有一次，莫札特在奧地利宮廷裡演奏後，皇后問他要什麼樣的獎賞，莫札特請皇后把瑪麗嫁給他，皇后不置可否，因爲她早有別的打算，有更高的目標。這讓我們想起漢武帝小時候，他的姑姑問他要娶誰爲妻？他說：「姑姑的女兒阿嬌。若得阿嬌爲婦，當以金屋貯之。」瑪麗十四歲時，嫁給路易十六，那時路易十六只有十五歲。身爲奧地利人的瑪麗必須放棄國籍，連衣物、首飾、朋友、傭人全都得留在奧地利。當她從奧地利到法國時，她要在奧地利代表團面前，把衣服脫光，換上法國的衣服，結果這個十四歲小女孩就大哭起來。歷史裡，瑪麗皇后被描述為一個非常奢華浪費的皇后，在衣服、首飾、賭博上，花掉許多錢。據說，有一次當她聽到老百姓沒有麵包吃時，她反問：「他們為什麼不吃蛋糕？」這也讓人想起了中國的晉惠帝，當官員告訴晉惠帝老百姓因饑荒沒有飯吃時，他反問：「何不食肉糜？」

一七九三年一月，國民代表大會以三百六十一票對三百六十票，一票之差，通過叛國的罪名，把路易十六送上斷頭台。同年十月，瑪麗也被送上斷頭台，據說她最後講的一句話是，當她在斷頭台上，無意間踩到劊子手的腳，她說：「先生，請您原諒我！我不是有意的。」另外一個小故事，一七九一年路易十六和瑪麗皇后見局勢不妙，兩人想偷偷從巴黎溜走，沒想到在路上買東西時，店裡的小販看到買東西的人和錢幣上面的肖像一模一樣，就認出他來，而報官逮捕了他。

大家都知道，法國大革命的口號在法文是「Liberte、Egalite、Fraternite」，翻成英文是「Liberty、Equality、Fraternity」，中文翻成是「自由、平等、博愛」。這句口號流傳很廣，成為普世的價值觀。

講到法國大革命，我得點出一個時間點。路易十六是一七七四年登基，一七七六年美國的佛蘭克林（Benjamin Franklin）到法國，請求法國支持美國獨立，路易十六答應了，但最後法國並沒有得到什麼好處，還增加了國庫的負擔。講到法國大革命，大家也都會想起狄更斯（Charles Dickens），以法國大革命爲背景的名著《雙城記》（Tale of Two Cities）。這兩個城就是巴黎和倫敦，故事裡的兩個男主角，同時愛上一位女郎，當然有人成功追到，有人卻失敗了。故事結束時，戀愛失敗的男主角代替成功的男主角，走上斷頭台。

最後，讓我們回味《雙城記》一開始的那幾句膾炙人口、流傳非常廣的話：「It was the best of times, It was the worst of times.」那是最美好的時代，那也是最糟糕的時代。

拿破崙與滑鐵盧

「從過去看現在，從歷史看未來。」

兩百多年前，法國從君主專政轉變到民主制度，一路走來，不是和今日所見的很多例子相像嗎？

從一六四三到一七九一年的一百五十年內，法國歷經了路易十四、十五和十六三個皇帝。路易十六在位末期法國大革命爆發，一七九二年法國宣布廢除君主制度，建立法蘭西共和國，全國國民代表大會建立的代議制度開始成型。

七年後，也就是一七九九年，拿破崙由砲兵少尉變成執政團第一執政，實質上獨攬國家大權，再過五年，一八〇四年登基爲拿破崙大帝。這十二、三年中，法國政治組織不斷在改變。大家還記得法國有個三級會議，由教會、貴族、平民三個階級代表組成，自從一六一四年，三級會議有一百七十五年沒開過會。一七八九年，路易十六被迫召開三級會議，後來三級會議再轉型爲全國大會，然後又一而再、再而三地改頭換面；先是全國大會，然後變成全國代表大會，再變成立法大會、全國公會、督政府，最後是執政團。這些不同的包裝，代表了權力的較勁和分配，加上經濟和軍事勢力的影響，再加上雄才大略、野心勃勃的個人企圖下的產品。有句話說：「從過去看現在，從歷史看未來。」當我們看到兩百多年前，法國從君主專政轉變到民主制度，一路走來，不是和今日所見的很多例子相像嗎？

靠打仗起家

把政治背景交代清楚後，我們就來看拿破崙的故事，以及當時法國和歐洲各國打的大大小小戰爭。因爲，拿破崙可以說是經由戰爭，登上皇帝寶座的。

拿破崙十六歲從巴黎皇家軍事學校畢業，擔任砲兵少尉，他在平定內亂和對外戰爭中的傑出表現，充分展現了他的軍事長才。拿破崙有傑出的領導能力、豐富的軍事知識，又善於運用情報，更是砲兵戰略的專家。當時，大砲是戰爭中最重要的武器。軍事上的成就，讓他在政治圈裡的影響力越來越大，得到掌權的元老院元老們的賞識。尤其，元老院的老大巴拉斯（Barras）更是重用拿破崙；拿破崙的妻子約瑟芬（Josephine）正是巴拉斯的情婦。拿破崙三十歲那年，元老院裡的一個元老找拿破崙支持他搞政變，推翻元老院成立執政團；沒想到拿破崙後來居上，成爲執政團的第一執政，總攬法國大權。一年後，透過憲法修改，他成爲終身的第一執政。拿破崙出任第一執政後，便著手政治、經濟、宗教、教育的改進，鞏固統治地位。特別是他訂定了有名的「拿破崙法典」，規定了資本主義財產制度，保障私有財產不受侵犯，穩定小農土地所有制，規定了公民的平等和契約的自由原則……，對後來許多資本主義國家的立法影響重大。

自從法國大革命開始，歐洲的幾個強國包括英國、奧地利、俄國、德國（當時稱普魯士）、西班牙等，組成反對法國的軍事聯盟，先後和法國打了七次大戰，歷史上就叫作第一、第二……以至第七的「反法軍事聯盟戰爭」（War of Coalitions）。第一次、第二次反法軍事聯盟戰爭發生在法國大革命的時候，幾個歐洲國家為了防止法國內部動亂向外延伸，主動進攻法國；第三次至第七次的反法軍事聯盟戰爭都是在拿破崙當皇帝的任內。

一八〇四年，拿破崙為自己加冕，從「法蘭西共和國第一執政」的稱號，改為「法蘭西帝國皇帝拿破崙一世」，可以說將法國由資產階級共和國，變成資產階級帝國。第三、第四、第五次反法軍事聯盟戰爭都是法國打贏；一八一二年反法軍事聯盟趁著拿破崙深入俄國，兵疲馬乏、傷亡無數、撤退回歐洲時，第六次反法軍事聯盟得到勝利，並在一八一四年進入巴黎，要求法國無條件投降。拿破崙退位，被放逐到地中海義大利旁邊的厄爾巴小島，並由路易十八復位。（路易十六上斷頭台後，他八歲的兒子，繼位為路易十七，才當兩年皇帝，就得肺病死了。）

拿破崙在厄爾巴小島住了不到十個月，當他看到路易十八既無能又傲慢的統治，引起人民怨恨時，便在一八一五年二月偷渡回法國，很快地得到原來部隊的支持，不到一個月就帶著十四萬大軍進入巴黎，重登王位，路易十八趁亂逃走。這次，拿破崙只當了一百天的皇帝，在第七次的反法軍事聯盟戰爭中，特別是滑鐵盧（Waterloo）一役，拿破崙被打敗了。隨後被放逐到聖海連娜小島，六年後逝世。

拿破崙講過很多名言，包括：「我的字典裡沒有難字。」（The word impossible is not in my dictionary.）、「最大智慧就是決心」（The truest wisdom is resolute determination.）、「勝利屬於堅持不懈的人」（Victory belongs to the most persevering.）。

誤判情勢種敗因

拿破崙從厄爾巴小島跑回巴黎、重登皇位後，歐洲列強又聯合起來應付拿破崙，這就是第七次反法軍事聯盟戰爭。一八一五年三月，拿破崙重登皇位。當各國的大軍還在集結時，他覺得要先下手爲強，化被動爲主動，以攻爲守，於是便以十萬大軍先行殲滅英國威靈頓公爵的七萬大軍，以及德國布魯克元帥的九萬大軍。威靈頓的大本營就設在比利時的小鎮滑鐵盧，拿破崙的軍隊在他的南邊，布魯克元帥的軍隊在他的東邊。對拿破崙而言，最重要的戰略就是分別將英軍、德軍打敗，不讓他們結合起來，這是整個戰役的關鍵因素。

拿破崙手下有兩員大將，一位是有勇無謀的莽將，我們姑且叫他「莽將軍」，另外一位垂垂老矣的老將，我們就稱他「老將軍」。莽將軍的任務是向北攻打英軍，老將軍的任務則是向東攻打德軍。拿破崙先派莽將軍去奪取英軍和德軍可能會合的交叉點，並藉此牽制英軍，拿破崙同時猛攻德軍，把德軍打得大敗。這時，拿破崙下令莽將軍派出他和英軍交戰部分的兵力支援，希望藉此全面殲滅德軍，但因爲命令傳達失誤，莽將軍沒有執行這個支援的任務，否則德軍將全部被殲滅。最後，德軍到底還是被打敗了，謠言還說他們的布魯克元帥已經戰死，手下的參謀長收拾殘兵，下令撤退。

事實上，布魯克並沒有死，他從馬上摔下來，助手用軍衣把他的身體蓋住，躲過法國官兵；當他聽到參謀長撤退的命令時，馬上把命令倒過來，讓剩下來的主力向英軍滑鐵盧的方向前進，讓一些傷殘游兵往反方向撤退，作爲煙幕。當拿破崙命令老將軍趁勝追擊德軍時，老將軍上當了，他朝著反方向追那些傷殘的游兵。威靈頓聽到德軍戰敗的消息，也緊張起來，向後朝大本營的方向撤退，但莽將軍沒有立刻趁勢追擊，再加上一場大雨，軍隊進軍不易，讓威靈頓有了喘氣的機會。

同時，拿破崙也已下令讓追逐德軍殘兵的老將軍派兵前來支援，可是老將軍遲遲不動。一八一五年六月十八日，就是滑鐵盧戰役的開始，早上九點鐘拿破崙吃了早餐，準備向英軍的山頭發動攻勢，此時手下的一位將軍說：「因爲前兩天大雨的緣故，地面泥濘，不容易用馬拖動大砲來布陣，不如延後一個小時。」拿破崙聽他的話，正好身體有點不舒服，便又回房睡了一覺。結果一睡就是兩個鐘頭，這個延誤可能就是整個戰役的關鍵因素。

法國、軍隊、約瑟芬

對威靈頓而言，他聽到德軍已經前來支援的消息，又聽到拿破崙的老將軍被騙往反方向進軍，而信心大增，決定靠一百五十六門大砲做殊死戰。早上十一時三十分拿破崙下令進攻，一百二十門大砲隆隆發射，勇敢而魯莽的莽將軍帶著五千個騎兵朝英軍火線衝去，英軍火力雖然強大，莽將軍的騎兵冒死往前，英軍往後撤退，大砲全部落入法軍手裡；但是，莽將軍犯了一個大錯，他的騎兵沒有步兵支援。作爲傑出的軍事家，在這最危險的時候，威靈頓看出來了，他下令：「在拿破崙的步兵抵達以前，我們必須把大砲奪回，否則我們將全盤皆墨。」莽將軍往前直衝的騎兵在苦戰後，已是筋疲力竭，被英軍打回來了，英軍收復了他們的大砲。在這裡，滑鐵盧戰役的一個小小而最重要的關鍵因素出現了。

在戰場上，奪得敵人大砲時，基本動作是把一根沒有頭的釘子，釘進引射大砲的一個小洞裡，這樣大砲就完全失去作用。因爲釘子沒有頭，釘進去就不容易拔出來，在每個騎兵團裡總有幾個人負責攜帶沒有頭的釘子和釘鎚。可是，當莽將軍把英國人打退後，卻沒有人帶著釘子去破壞英國人的大砲。所以，當英軍把法軍打回去、奪回沒有被破壞的大砲時，立即發揮火力把法軍打得落水流水。而且，德軍布魯克元帥的援兵比老將軍的援兵先行抵達，法軍完全被打敗。在夜色中，威靈頓公爵和布魯克元帥在馬上招呼相擁。德軍死了七千人，英軍死了一萬五千人，法軍死了兩萬五千人，拿破崙逃回巴黎，一個月後正式投降，被放逐到聖海連娜島，六年後抑鬱而死。

一口氣說完了滑鐵盧戰役的故事，讓我再重複一下這場戰役的幾個「如果」：

第一、如果布魯克元帥在開始時就被打死了，他的參謀長就會按照計畫撤退，威靈頓公爵就得不到兵援了。第二、如果老將軍相信自己收到的情報，德軍不是全部撤退而是向滑鐵盧方向進軍，他會擋住德軍，威靈頓公爵就得不到兵援了。第三、如果莽將軍的騎兵隊裡，有人帶了沒有頭的釘子，破壞了英軍的大砲，這場仗威靈頓公爵是輸定了。

那麼，如果拿破崙贏了滑鐵盧這場仗，第七次反法聯盟戰爭將如何打下去呢？歷史家的普遍看法是，拿破崙已是強弩之末，遲早要被反法聯盟軍打敗的。拿破崙在滑鐵盧被打敗後，說過一句話：「歷史，不過是對過去發生過的事情，大家同意接受的一個版本而已。」（History is the version of past events that people have decided to agree upon.）

據說，拿破崙臨終前最後講的話是：「法國、軍隊、約瑟芬」（France、Armee'、Josephine）。他思念他的祖國、他的軍隊和他的妻子。

2

明今

敢於不同的一生

南非的民權運動領導人物曼德拉曾被囚禁二十七年，成為全世界道德和勇氣的模範。印證了勇氣和意志足以克服戰勝壓迫的力量。

二〇〇八年七月十八日，舉世景仰的前南非共和國總統曼德拉先生歡度九十歲的生日。我想談談關於他的故事。

南非共和國位於非洲南端，是歐洲和印度亞洲間的海運樞紐，天然資源相當豐富，特別是黃金和鑽石的礦藏。總人口約四千七百萬，有三個分別是行政、司法、立法的首都，有十一種官方語言，也因此南非共和國有十一個官方的名字。國民平均生產總値GDP大約一萬美元，在全世界一百八十多個國家裡排名七十左右，算是在中間。它的吉尼係數（Gini Coefficient，貧富懸殊的量度）爲五十七・八，相當地高。全世界貧富懸殊最低的吉尼係數約是二十五左右，最高的差不多是七十。

大約兩千五百年前，當地土人就開始了農作、畜牧、狩獵的生活。葡萄牙人是率先從歐洲到南非的移民，十七世紀中期荷蘭人也到南非定居。十八世紀末，荷蘭海上霸權開始衰落，英國取而代之，英國人也移民到南非。荷蘭人和英國人都從包括印度、馬達加斯加和印度尼西亞等地，把當地人帶來當奴隸。一九一〇年，南非聯邦成為大英帝國裡的一個自治領土，第二次世界大戰後大英帝國日漸式微，一九六一年南非共和國脫離了大英聯邦，正式成為獨立國。

奮力爭取自由平等

南非的近代歷史中，最重要也可以說是最沈重的一段就是一九四八到一九九四的四十年裡，種族隔離政策（apartheid）的形成，中間的爭議和抗爭，到最後的全面消除。

讓我們先談談一個似乎十分明顯的觀念：人權。聯合國人權宣言裡，開宗明義地說：「人類生而自由，具有同等的權利和尊嚴。」自由和權利正是一體兩面；自由帶來權利，權利彰顯了自由。每個人都有同等的權利和尊嚴，也就是平等的真諦。在我們都同意「人類生而自由平等」的原則下，一個大家往往忽略的問題是：「為什麼？」換句話說：「什麼是導引這個原則的原因？」觀點之一是，這是個自然的原則，因為平等和自由是天賦的權利；另一個觀點是，這是個該有的原則，因為平等和自由是人類相處中合理合情的關係；

還有一個觀點是，這是個不能避免的原則，因爲一個沒有平等和自由的社會，必將是個紛爭、動亂，充滿了憤怒與仇恨的社會。

在諸多關於平等和自由眞諦的闡述方面，讓我引用美國羅斯福總統（Franklin Delano Roosevelt）在一九四一年的演說中所標榜的四大自由，就是言論自由、信仰自由、免於匱乏的自由和免於恐懼的自由。

人類的歷史，可說是一部爭取平等和自由的歷史。我們不禁自問，這麼明確的普世價值爲何如此難以了解、難以實行？歷史上的法國大革命、美國南北戰爭、中國的國民革命、二次大戰對納粹的戰爭，以至公民的權利、婦女的權利、勞工權利的爭取，更推而廣之包括性向差異的權利、未生胎兒的權利、環境保護的權利，水和其他天然資源的權利，種種爭辯都彰顯了平等和自由的追求包含了許多因素和考量：歷史傳統、地理環境、軍事和政治權力的掌握，經濟和其他資源的爭奪，加上人性裡的野心、自私、固執和偏見等等。

人權更不是個簡單的問題。今天，當我們談到幾十年發生在遙遠陌生的南非共和國的歷史時，我們不要把它看成單一事件。當我們讀歷史時，的確會發現許多相似的人物、事蹟，在不同的時空環境下總會一再改頭換面，不斷重複再出現。

前面提過，南非的人口包括當地土著、荷蘭移民、英國移民，以及從印度、馬達加斯加和印度尼西亞帶過來的奴隸。統治者一方面要死守既有地位，同時荷蘭和英國兩個移民族群間，又有權力的鬥爭，所以一九四八年以荷蘭裔白人爲主的南非國民黨（National Party），在贏得大選後，就開始執行種族隔離的政策。在當時的南非，種族隔離政策可以說是白人至上的優越感，也是荷裔白人要排擠英裔白人、獨占領導權的一種策略。

南非的種族隔離把全國居民分成四個族群：黑指的是當地的土著，白就是歐洲移民的後裔，印度或亞洲人（主要是印度和中國移民的後裔），和有色人種就是混血人種，族群間的分界是清晰明顯的。其次，全國大約有一三％的土地被劃分成十個黑人的家園（home landor），每個黑人有所屬的家園，他們被限制生活在自己的家園裡。在此制度下，黑人的公民權是被取消的，必須持有護照才能夠到家園以外的地方去。

在如此分割隔離的法令底下，不僅工作機會受限，受教育機會和居留、旅行也受到嚴格限制，連公共場所和公共運輸工具的使用也是，不同族群間也無法自由通婚，形成一個分割的、白人至上的社會。政府訂定許多法令、動用許多公務員人力，來執行這些法令，壓抑任何的抗拒。這些作爲引發了內部的反抗，遊行、罷工，杯葛以至游擊暴力的反抗行動，越演越烈。在其中扮演最重要角色的政黨就是「非洲民族議會」（African National Congress，ANC），該黨的靈魂人物就是曼德拉。

南非政府的行爲也引起國際譴責和制裁，聯合國大會通過譴責南非種族隔離政策，建議會員國自願地對南非採取武器的禁運，許多國家也對南非進行商業制裁，停止和南非文化體育的交流活動，許多跨國公司也減少或取消在南非的投資。

深受甘地理念影響

曼德拉一九一八年出生於南非，他七歲上學，是家族裡第一個上學的人。他在大學念了一年，因爲參與學生代表聯合會杯葛學校政策被退學，後來經由函授獲得南非大學的學士學位。當他因反抗種族隔離政策被囚禁期間，又透過函授取得倫敦大學法學士學位。一九八一年倫敦大學選校長時，他還被提名爲候選人之一，後來當選的是英女皇的女兒安妮公主。其實，曼德拉那時還在坐牢呢。

曼德拉從年輕時就參與非洲民族議會的政治活動。非洲民族議會是個結合部落酋長、教會領袖、社區代表，以爭取自由平權、反對白人優越爲宗旨的政黨。曼德拉從參與該黨的青年部開始，後來進入權力核心，當選副主席。當南非國民黨在一九八四年的大選中獲勝、開始推動種族隔離的政策時，非洲民族議會就成爲反對種族隔離的主要力量。

曼德拉的政治理念深受印度立國之父甘地及其繼承人尼赫魯的影響。大家都知道，甘地主張用和平方式和不合作的策略，作爲抗爭手段。甘地曾在南非住了二十年，爲當地印度人爭取權益而努力，不過尼赫魯卻不是個純粹的和平主義者。初期，曼德拉採取和平的群眾運動路線，後來他認爲和平手段不容易得到結果，而且政府也採取武力手段來鎮壓他們，因此他在黨裡建立了一個武裝部隊，專事破壞和游擊活動。不過，多年之後曼德拉最後還是透過和平商討的手段，徹底消除了南非的種族隔離政策。

一九六四年，曼德拉以叛亂罪被起訴，被判終身監禁。監獄生活當然非常辛苦，但他也在那段時期完成倫敦大學的函授課程，獲得法學士學位，也在監獄裡訓練年輕的下一代反對種族隔離運動的工作，該監獄還被幽默地稱爲「曼德拉大學」。

十八年後，曼德拉被轉到另一個監獄。原因之一是，政府在國內外的輿論壓力下，想要安排釋放曼德拉，但曼德拉拒絕以放棄武力抗爭作爲獲得自由的交換條件。當曼德拉在醫院裡治療攝護腺癌時，政府派人在醫院和曼德拉見面，展開談判，拖了好幾年，也沒有什麼進展。終於在一九九〇年，當新任總統戴克拉克（Frederik Willem De Klerk）上任後，宣布釋放曼德拉，解除對非洲民族議會的禁令，逐漸取消有關種族隔離的法令，許多國家也因此撤除對南非在經濟、文化、體育交流的種種杯葛。經過二十七年的監禁，在曼德拉出獄後的演講裡，他誓言要追求平和、與少數白人和解的決心。另一方面，他也說非洲國民議會的武力抗爭並未終結。

沒有永遠的敵人

在曼德拉領導下，各政黨展開和政府間的談判，雖然暴亂依然持續，權利和利益的考量仍是重要的因素，最後終於得到共識。一九九四年，南非舉行第一次全國普選，所有十八歲以上的公民都享有投票權。曼德拉當選總統，是南非第一個黑人總統，戴克拉克當選爲副總統。

曼德拉和戴克拉克因爲和平解決南非種族隔離的問題，在一九九三年獲得諾貝爾和平獎。在頒獎典禮上，曼德拉說他代表的是千百萬個有勇氣站起來的人，爭取和平、反對戰爭、追求和諧、唾棄暴力、消除種族歧視、重視人權尊嚴、反抗壓迫、消滅貧困免於匱乏。戴克拉克則在他的演講裡說：「五年前，沒有人相信我和曼德拉先生會同時獲得諾貝爾獎。

今天，我們一起站在這裡，我們曾是政治上的對手，在很多重要議題上有強烈的不同，不久就會在選舉上較勁，但是，我們會以和平的心態在和平的架構下競爭。爲了追求我們國家的和諧繁榮，別無他途。」

一九九六年五月，戴克拉克先生應台灣大學邀請，以「千禧新世代守護和平」爲題，和施明德先生對談「南非經驗和台灣願景」。他說：「我們希望在一個新的千禧年裡，全世界任何一個地方，都會在多元的社會裡，追求不同族群、不同文化、不同宗教的和諧相處，因而消除恐怖，共創和平。」

曼德拉剛度過他九十歲的生日，在爲人權的奮戰過程中，他被囚禁了二十七年。在這二十七年裡，他只在公共場所出現過三次，囚禁初期他每隔六個月才能夠收一封信、會客一次。四十五到七十二歲，是他生命最豐富的一段時間，雖然被剝奪了行動自由，生命之火仍繼續燃燒，印證了勇氣和意志足以克服戰勝壓迫的力量。二十七年是何等漫長的時間，曼德拉展現的是何等堅強的內在。他用和平談判取代武力抗爭，從爲黑人爭取自由，轉變到爲所有族群追求和諧、團結、平等，從南非的民權運動領導人物，成爲全世界道德和勇氣的模範。

曼德拉的一生令人景仰，何嘗不是美麗的一生？有首法文歌，翻成中文是〈玫瑰人生〉（La Vie En Rose），這首歌的最後幾句是：「Give your heart and soul to me, And life will always be La Vie En rose.」（把你的心和靈魂交給我，我的生命就永遠像玫瑰一樣璀璨美麗。）

這是情人間講的話，也何嘗不是一位自由民主鬥士的話。

跟曼德拉學領導

領導力是可以培養的嗎？
我的答案是可以的。多讀書、多思考，
看完曼德拉的故事後，會有更深刻的了解。

南非共和國前總統曼德拉，是自由民主的鬥士，也是全世界最受景仰、代表道德和勇氣的領袖。他在南非追求種族平等和諧的努力和奮鬥，爲全人類樹立了風範和榜樣，帶來激勵和鼓舞。

一位和曼德拉先生相交多年的美國《時代雜誌》資深記者，寫了一篇報導〈從曼德拉的經驗談領導者的八個信條〉。我想以這篇報導的內容爲主，談談領導者的氣質和能力。

領導者是個廣泛的名詞，領導者的使命則是帶領追隨者共同追求一個目標、完成任務。國家總統、企業董事長、政黨黨魁、戰場上的將軍、學校校長，宗教道德和精神領袖，權力來源各不相同，或者經由任命或者經由選舉，權力範圍和限度不同。將軍有生殺大權，校長得受校務會議約束，有些人例如宗教和道德精神領袖，根本沒有任何實質權力。同時，不同領導者也有不同的追隨者，在企業裡是工程師和技術員，在學校裡是教授和學生，在政黨裡是有共同政治理念的黨員，在宗教裡則是有共同信仰的信徒，因此，身為一個成功的領導者所需的特質和能力便有許多共同之處，也有許多不同之處。就讓我們從曼德拉的經驗來談起。

要有堅定信仰和理念

第一，勇氣不是不知道恐懼，而且讓自己保持鎮靜、鼓舞大家超越恐懼的能力。一九九四年總統選舉時，曼德拉搭乘一架小飛機到個偏遠的地方做競選演講，在距離目的地二十分鐘的上空，飛機的一具引擎壞了，機上每個人都緊張得不得了，只有曼德拉還是平靜地看報紙。安全著地後，曼德拉才開口說：「我被嚇壞了！」他接著說，自己在從事地下活動、在法庭上被審判，甚至坐牢的時候，他都非常害怕。但是身為一個領袖，他不能讓追隨他的人感覺到他的恐懼。許多跟他在一起被囚禁的人都說，只要看到曼德拉抬頭挺胸在監獄操場上走過，就可以讓他們心中的恐懼減輕不少。

這正是蘇洵在〈心術論〉這篇文章中所說的「泰山崩於前而色不變」，泰山要倒下來了，仍然面不改色。蘇洵又說，一個領導人應該讓追隨他的人「無所顧忌，有所依靠」。能將自己內心的恐懼轉變為對群眾克服恐懼的鼓舞，領導者需要的不是一付假面具，而是堅定的信仰和理念，這才是領導者勇氣的源泉。有了堅定的信仰和理念，才會不害怕、不怕挫折、不怕困難、不怕危險。市場的波動、資金的短缺、競爭對手的強悍，都足以讓一個企業領導人擔心害怕，但是他必須堅持自己的理念，用勇氣來鼓舞全體員工。

第二，領導者要站在第一線，但是不要忘掉他背後的群眾基礎。一九八五年當曼德拉接受攝護腺手術之後，回到監獄裡，跟他的朋友完全被分開隔離。那是二十七年來的第一次，大家都很緊張，發出抗議之聲。但是，曼德拉採取的是「塞翁失馬，焉知非福」的態度，他在監獄裡單槍匹馬地開始和政府談判。這和多年來非洲民族議會要用武力鬥爭來逼使政府就範的策略背道而馳，許多支持者不相信被囚禁的人可以有效地和政府談判，認為他在冒一個很大的險，甚至以為他會出賣支持者。此時的曼德拉一方面積極地和政府談判，一方面耐心地向支持者解釋，並說服他們。他說，取消種族隔離政策是他們一貫的目標，武裝鬥爭與和平談判，不過是戰術的運用而已。

領導者必須站在高處，看得廣、看得遠，有提出新觀點、策略和方法的能力。然而，任何新事物都必然有不確定的因素，不容易馬上被廣大群眾了解和接受。站在最高峰，往往是最孤單的，也正是古人說的「高處不勝寒」。因此，領導者不但要能夠堅持理念，更要能讓追隨者接受並支持自己理念的魄力和魅力。有時，必須透過耐心和理性的解說和誘導，有時也必須用堅定的態度來建立群眾信心和追隨。一個沒有遠見的領導者，不會成功，一個沒有群眾支持的領導者，也抵擋不了失敗的考驗。

第三，領導者必須站在群眾的後面領導他們，讓他們覺得自己才是走在最前面的領導者。曼德拉常用小時候牧羊的經驗爲例，說明要把一群羊帶到山頂的最有效、甚至是唯一的方法，便是在羊群後面來趕牠們。

激盪出智慧火花

主持會議時也有幾個重要原則要注意：一是會議主持人必須對議題背後的來龍去脈，有充分了解和掌握；二是主持會議的人必須先對幾個可能的決定，以及這些決定的後果有相當的分析；三是會議主持者對最後的決定應該有某種程度的堅持，以及某種程度的彈性預估；四是會議主持者對與會者的觀點和個性，要有相當的認識；第五也是最重要的，會議主持者必須讓與會的人盡量發表意見，讓每個人覺得自己被聆聽和尊重，並且對最後的決定有所參與；第六主持會議的人必須主導會議上的討論，不能讓會議淪爲互相攻訐、吵鬧的地方，更不是各說各話或者某人自吹自擂的地方。會議主持人必須用和諧的手段，綜合不同的意見，導引討論的結果，當與會的人都覺得最終決議是自己的決定，執行起來就有效率了。

今天，教授治校的大學裡，會議中往往集合各領域的才智之士，互相激盪腦力。如何有效地迸出智慧火花，就是主席站在幕後讓與會教授們集體領導的結果了。

第四、認識你的對手，不妨知道他的嗜好或者他喜歡的運動。在南非推動種族隔離政策的南非國民黨裡，有很多是荷蘭裔白人，主要語言是南非荷蘭語。曼德拉不但用心去學南非荷蘭語，而且對他們最喜歡的運動項目橄欖球也懂很多。對此，曼德拉的不少夥伴頗感不以爲然。然而，曼德拉相信，了解對手才能更有效地和他們談判抗爭。此外，他也掌握了南非荷蘭裔白人被英國裔的白人歧視、在文化上被視爲次等民族的感覺，「建立對立」是短視地鞏固自己領導權的做法，更是和對手交往談判的負面力量；「建立對立」打的是一場兩敗俱傷的消耗戰。對敵人能夠了解和包容，來取代對立，與敵手經由有效的互動建立雙贏的契機。這一切都必須從領導者做起，來積極展現和實行。

第五，和你的朋友，更要和你的對手，保持密切的關係。一個領導者對自己的屬下要能夠了解和包容，待人要做到愛護和熱情，這樣才能產生強大的向心力。特別是在政治環境中，今天的戰友往往是潛在的對手，今天的對手何嘗不會變成未來的戰友。曼德拉願意把黨裡不是他最喜歡、最信任的人，納入智囊團，也認為擁抱敵人才是控制敵人的最有效方法。曼德拉有極強的親和力，讓跟他在一起的每個人感覺到被關懷，雖然在政治圈子裡，人和人之間的關係格外複雜，但對任何一個圈子裡的領袖而言，親和力正是不可或缺的元素。

親和力並非虛偽的笑臉、例行的假動作，而是來自對人際關係的興趣，來自看到人性美麗溫暖的一面。身為領導者，不能把人和人間的關係完全建立在利害層面上；一個靠利害關係來領導別人的人，肯定會因為利害關係被別人唾棄。

第六，儀表是很重要的，特別是永遠保持一份笑容。曼德拉很注重衣著，年輕時他總穿著剪裁合度的西裝。後來，我們在電視上看到他時，幾乎都穿著色彩豔麗的長袖花襯衫，給人感覺就像是一位充滿快樂、來自非洲的老祖父。他公開演講的口才並不算是頂好，但他站在演講台上展露的笑容，對白人的選民來說，代表了曼德拉「沒有仇恨，只有同情」的心態；對黑人選民來說，那代表了曼德拉是位充滿快樂和信心、終將得勝的勇士。衣著、儀表和笑容不僅是表面的呈現而已，衣著的清潔、整齊、得體、品味都代表了來自內心的尊嚴和喜悅。笑容，是不用花一分錢卻價值連城的裝飾品，第一印象也往往是給人最深刻、最重要的感覺。

不必當永遠的舵手

第七，沒有任何事情是絕對的。有人問過曼德拉：「你決定停止武力鬥爭是因爲覺得武力鬥爭不會成功？還是你以爲這麼做能得到國際的同情和支持？」曼德拉的回應是：「兩者都有可能呀！」身爲政治人物，曼德拉認爲每個決定都有很多複雜、互相競爭、互相牴觸的因素。在他成長奮鬥的過程裡，曼德拉必須也自然地成爲一個現實的政治人物，他毫無保留、毫不畏縮地追求種族隔離政策的全面摧毀，但是，他也深知種族隔離政策的形成有複雜的歷史、社會、心理因素，必須全面考慮這些因素後，再尋求可行的答案。一個領導者，必須有堅定不移的目標，以及無法折衷、退讓的原則，但也必須尋求實在可行的方法和路徑，遵守這些原則以達成目標。領導者的責任是完成任務，但不能爲了完成任務而違背基本原則，也不能光有原則而沒有結果。

第八，能夠接受失敗和失望，也是一個領導人必須有的特質。一九九三年，曼德拉建議將南非公民投票的最低年齡訂爲十四歲，他發現雖然世界上多數國家的公民投票最低年齡是十八歲，但是也有例外。例如印度尼西亞、北韓都是十七歲，澳大利亞、古巴、巴西是十六歲。但是，這個建議並未得到支持，於是他就不再推動這個想法了。

知道什麼時候該欣然離開一個位置、停止一個議題、放棄一個注定失敗的政策和觀念，正是領導者最不容易做到的事情。在南非歷史上，曼德拉最偉大的一個貢獻，是他在一九九四年經過全民普選當選總統後，四年任滿就離開了總統的位置。以他對南非人權運動所做的貢獻和犧牲，以民眾對他的景仰，以他在國際上的聲譽，對南非人權運動所做的貢獻和犧牲，他大可以追求終身總統這樣的位置，他卻選擇了不這樣做，為南非、更為非洲很多國家的民主制度樹立了典範。領導人要爲一艘船的航程選定方向，但不需要也不應該當永遠的舵手。一個成功的領導者，知道何時該畫下句點，才是最完美的句點。

今天，我以曼德拉先生在南非政治、歷史裡的經驗為例，談到領導者的氣質和特性。一開始時我講過，在不同的時空環境下，領導者的定位是不完全相同的，曼德拉在一個經濟條件惡劣、民主制度薄弱的環境下，以和平手段達到完全消除種族隔離的政策目標，也成爲舉世景仰的道德精神領袖，爲領導者氣質和特性做了一個很好的示範。

今天，我們常常講領導能力的重要，更聽到在學校裡應該怎樣培養領導的能力的論述，有人問領導的能力是可以培養的嗎？我的答案是可以的；多讀書、多思考。當我們看完曼德拉的故事時，會有深刻的了解。

啓動綠色革命

人類賴以生存的綠色資本正快速減少，我們更期待「綠色資本主義」啟動下一個工業革命，讓經濟蓬勃，環境也更美麗。

二〇〇八年三月，《時代雜誌》裡有篇文章標題是「十個改變世界的觀念」，我想談談其中頭幾個跟環境和經濟比較相關的觀念。

當中有個最重要的觀念是「可延續的發展」（sustainable development），也有人譯成「永續經營」。這個觀念源自一九八七年聯合國一個工作小組的報告，基本建議是「在滿足我們目前的需求的過程中，不能夠減損後代滿足需求的機會和能力」。一個最明顯的例子就是，今天我們在能源的消耗上，會不會造成後代能源的缺乏。這個觀念可以應用在一個企業、一個社會、一個國家，但最重要的是在全球的層面，包括環境、天然資源，以及經濟和社會的問題。這些問題不能局限在一地或者一國，當我們講到空氣、水、石油、煤、鐵、貨幣、金融、疾病、文化這些問題的時候，很明顯地整個世界是相通相聯、息息相關的。因此，整個地球的可延續發展，必須透過地球上的每一分子共同參與、討論、協調和努力。

首先，來看環境變遷對可延續發展的衝擊。其中影響最大的，我們可以說是氣候變遷。氣候變遷的因素有源自自然，例如地球公轉軌道的改變、太陽輻射能量的改變等。近年來，我們發現人爲因素對氣候、特別是地球表面溫度的影響甚鉅。

越來越熱的地球

來自太陽輻射的能量，通過大氣被地表吸收，部分被吸收的能量又從地表輻射回到大氣中去，這些能量的一部分就跑到大氣外面去了，另一部分會被大氣裡的水氣、二氧化碳、甲烷，以及其他氣體擋住，折回地球表面再被地球表面吸收。能量從地球表面輻射出來，又再被大氣裡的氣體擋住折回地球表面，這個過程就叫作溫室效應（Greenhouse Effect）；水氣、二氧化碳、甲烷等氣體就叫作溫室氣體（Greenhouse Gas）。

如果沒有溫室效應，地表溫度大約是負十八度，因爲溫室效應，地表溫度升高到十四度，這可以說多年以來，大自然裡一個大致平衡、沒有什麼特殊變化的現象。近年來，我們發現人爲的干擾，特別是煤、石油和天然氣的燃燒過程，產生大量的二氧化碳，二氧化碳跑到大氣裡，因爲溫室效應，就把更多自地球輻射出來的能量擋住折回地球，導致地球表面溫度的上升，形成全球暖化（Global Warming）的現象。

過去一百年，地球表面的溫度平均上升了攝氏一度，科學家估計在未來一百年會繼續上一到六度。暖化對我們的生活環境有多方面的影響：南北極的冰融化，會提高海洋的水位，海邊低地的城市有被淹沒的可能；同時，水分的蒸發又帶來乾涸的現象，許多氣候現象包括冷和熱、冰雪和颱風，可能會變得更極端。溫度的升高，對地球上動植物的生態也會有明顯而長遠的影響，引起交通、健康衛生上的問題。因此，地球暖化成爲維持永續發展的一大隱憂。

大氣中的溫室氣體是造成暖化的主因。一九九七年十二月，一百多個國家在日本京都開會，達成所謂「京都協議」。這個協議的目的，是所有工業國家同意在二〇〇八到二〇一二年這段期間，把六種溫室氣體的排放量以一九九〇年的發放量爲標準，降低五％。爲此，每個國家都有努力的目標，例如歐盟的排放量要降低八％，美國要降低七％，日本要降低六％，但俄國是〇％，澳洲可以增加八％，冰島可以增加一〇％。這個協議在一九九七年達成之後，得到參與國的個別批准，在二〇〇五年生效，到二〇〇九年二月共有一百八十三國通過了京都協議。美國雖是二氧化碳發放量最大的國家，卻沒有批准京都協議，理由是，雖然支持京都協議，但不同意其中各國分配的比例，以及擔心協議對經濟的影響和壓力。

當然，京都協議只是個協議，沒有任何約束力，不過參與國都以此爲目標而努力。其中有個條款很有趣：如果一個國家不能達到預定的降低排放量目標，可以用錢向已經達到目標且還有餘額的國家，把這些餘額買來。而且，這種交換，並不限於國家和國家間的交換，因爲一個國家可能對個別工業有不同降低排放量的目標；不能達到這個目標的企業，也可以在市場上做這種交換。這個模式可說是國際交換合作上一個有趣、別具意義的模式。

污染問題迫在眉睫

另一個人爲因素引起環境變遷的例子，就是大氣裡臭氧層的耗損。大家都記得在中學時，化學課本講過，氧原子是O，兩個氧原子合成一個氧分子O_2，三個氧原子合成一個臭氧分子O_3。在大氣層裡，因爲紫外光的刺激，兩個氧分子（O_2），會分裂成一個氧原子（O）和一個臭氧分子（O_3），但是反過來，一個氧原子和一個臭氧分子，也會再合成爲兩個氧分子，這個分裂、合成過程的平衡就在大氣上形成一個臭氧層。自從一九七〇年代起，科學家發現，大氣中的臭氧每十年減少了四％。大氣中的臭氧層，有吸收太陽光中紫外線的功能，當臭氧層耗損時，來自太陽抵達地球的紫外線會因而增加，過量的紫外線會引起皮膚癌和其他相關的皮膚疾病。

臭氧減少的一個主要原因，是大氣中氯和溴的游離原子會引起一個臭氧分子（O_3）和一個氧原子（O）合成成爲兩個氧分子（O_2），因此大氣中的臭氧就減少了。那麼這些氯和溴的游離原子從哪裡來？以前，我們常常使用的一個化學物氯氟烴（CFC）就是罪魁禍首，CFC可以用來做冰箱的冷媒、清潔劑和噴霧器裡的氣溶膠。經過光分解，CFC會產生氯的游離原子。麻煩的是，CFC的壽命長達五十至一百年，在大氣裡，一個CFC分子可以消耗一萬到一百萬個臭氧分子。

一九八七年，四十三國在加拿大蒙特婁，達成一個「蒙特婁協議」，要把CFC的生產停在一九八六年的使用量，並在一九八八年前於工業國家中減少五〇%的製造；過了幾年之後，科學家更明確證實CFC對臭氧耗損的影響，決定在二〇〇〇年全球禁產CFC。

空氣的污染還不止於這兩個例子。空氣中碳硫和氮的氧化物，還有鋁和銅等金屬，或者放射性元素的分子，都會影響人體健康和地球生態。世界衛生組織估計，全世界每年有二百四十萬人直接因爲空氣污染而死亡。空氣污染也會導致樹葉枯落，破壞森林的生態。

許多國家都訂定空氣品質控管的法令，其中包括禁止在公共場所室內吸菸。

接著，我們再談天然資源的消耗和污染。在所有天然資源裡，毫無疑問最重要的是水。二〇〇八年，當時的聯合國祕書長潘基文宣布，將三月二十二日定爲世界水資源日（World Water Day），提醒大家對水資源問題的注意。

隨著氣候的變化以及其他人爲因素，湖泊和河流面積縮小、乾涸的問題越來越嚴重。爲了準備二〇〇八年的奧運，北京把數億立方公尺的水轉流到乾旱的北京地區；美國的科羅拉多河，從源頭出發，根本就流不到大海；非洲供應三千萬人用水的查德湖，過去三十年，面積縮減到原來的十分之一。據統計，每二十秒鐘，就有一個小孩因爲沒有乾淨的水而死亡，等於每年有一百五十萬人因此喪命。因此，潘文基提出一個目標，希望到了二〇一五年，把全世界沒有淨水可用的人能減少一半。

水源的喪失之外，水污染也是個重要問題。污水裡的有機物質，例如垃圾、糞便會消耗河川湖泊裡的氧氣，工業污水裡有重金屬、油、毒性有機物，以及其他化學品。特別是發電廠排放出來冷卻用的水，溫度會比較高，這些都會影響河川、湖泊、海洋的生態。我必須強調，當我們談到天然資源時，也許有些天然資源可以被其他資源替代，但起碼到目前爲止，水資源是無法被取代的。

除了水之外，能源當然也是重要的天然資源，其中又以煤和石油爲最主要的能源。全球煤的消耗量每年達六十億噸；美國九〇％、中國八〇％的電力，都是靠煤來產生。全世界的煤存量估計是九千億噸，以目前每年六十億噸的消耗量來算，大概可以支持一百五十到一百六十年。同時，煤礦的開採會帶來環境和生態的破壞，燃燒煤會帶來相當嚴重的空氣污染。自從二十世紀中期開始，石油已經變成一個非常重要的能源，幾乎每天都在新聞裡聽到原油價格波動對我們生活的影響。目前的估計是，在四、五十年之內，地球上的石油就會被用盡。

另一個重要的天然資源是森林和木材。森林占了地球陸地總面積的三〇％，是許多動植物的生存環境。樹木吸收二氧化碳、製造氧氣，對溫度的調節、風沙的阻擋都有重要功能。更重要的是，森林樹木還有水土保持的作用。然而，天然和人爲災害的損耗，以及林木的大量砍伐，都使森林的永續陷入困境。以我們常用的紙爲例，全世界每年製造三億噸紙，製造一噸紙需要兩噸到四噸木材，等於每年要砍十億棵樹。紙用得多的國家，例如美國、芬蘭、瑞典、法國、瑞士，平均每年每人要用兩百多、甚至超過三百公斤的紙。

環境與經濟共創雙贏

談過環境變遷、天然資源耗損等有關人類可延續性發展的重要議題，除了消極的節制和避免之外，科學研究和技術的發展，更是我們希望之所繫。十八世紀的工業革命，帶動了現代資本主義，擴大物質發展，也讓地球付出慘痛代價。所謂「人造的資本量」攀上巔峰，這些人造資本包括汽車、飛機、鐵路、公路、高樓大廈、空調系統、塑膠袋、電池，都為我們帶來生活上許多的舒適和方便。然而，人類賴以生存的所謂「綠色資本」卻很快減少，包括水、礦物、石油、土壤、空氣，以及我們賴以維生的環境系統，包括草原、沼澤、海洋、雨林等。

儘管如此，我們不必負面地看著綠色資本的減少，而是正面地期待「綠色資本主義」（Natural Capitalism）將會帶來下一個工業革命。這個工業革命將為我們帶來雙贏結果，讓我們的經濟蓬勃，生活更舒適，環境也變得更乾淨、更安全、更美麗。

太陽能、風力發電，以及用潮汐漲退的動力發電、燃料電池，都是解決能源問題的替代方案。我們會有更輕、更有效率、用電池取代汽油的汽車；我們會有能有效防熱、防風雨、用太陽的光來照明、利用太陽能量來啓動冷暖氣系統的綠色建築；我們會有省水的洗衣機、洗碗機和廁所，以及有效的廢水回收和處理系統；我們會有順應大自然環境的方法，從事畜牧、農牧的生產。

總而言之，我們期待延續性的發展，能從我們這一代到下一代、世世代代。

許地球一個美好未來

除了環境和資源之外，可延續的發展還有經濟、社會、文化等層面，讓我們來一一檢視。

過去多年，人類對自己的生活環境和生活所需要的資源，都直覺地認為不會耗損、不會減少，就像蘇軾〈前赤壁賦〉裡所說的「取之無禁，用之不竭。是造物者之無盡藏也。」也可以說延續的發展根本不是件需要注意的事情。不過，近年來，我們發現環境的污染、資源的耗損都對可延續的發展帶來很大的衝擊和威脅。

首先，讓我們看看世界的人口問題，目前世界的人口總數大約是六十六億，人口增長率大約是每年一％左右，估計在二〇五〇年會到達九十二億。站在環境和資源的觀點來看，專家學者認為全世界人口最好能停留在八十億左右，但是人口的增加和減少是很難用政策來規範，獎勵和開導到底有多大的效力，強行管制不但引起道德人權的問題，也會引致其他相關的問題。例如一胎政策，雖然目的是在減低人口的增加率，但是也因此帶來男女數目不平衡，這主要是源於傳統的重男輕女的觀念；老年人和年輕人數目的不平衡，這是源於老年祖父母輩有四個人，中年父母親輩有兩個人，少年兒女輩只有一個人；以及年輕一代被過分溺愛的教養問題，這也是源於祖父母和父母六個人養育照顧一個兒女的現象。何況也許一個國家、一個地區可以有爲適應自己的狀況而訂定的人口政策，全世界人口的增減，沒有人可以訂定政策，然後有效地執行。

高齡化時代來臨

除了人口的總數之外，年齡的分布，也是可延續的發展裡一個重要的觀念。由於營養、衛生和醫療設備的進步，人類的平均壽命逐漸在增加，一百年以前，人類的平均壽命不到四十歲，今天全球的人類平均壽命大約是六十七歲；按照統計數字，日本、新加坡、瑞士、瑞典和好幾個歐洲國家，人口的平均壽命超過八十歲，美國和台灣是七十七・七八歲左右，最低的有些國家的人口平均壽命都還在四十歲、甚至四十歲以下。

人口年齡的分布都在逐漸改變，特別是在經濟比較發達的國家，平均壽命的增加，加上出生率降低，退休的老年人比率也就不斷的增加。舉例來說，一九五〇年，平均每十二個在工作的人，供養一個退休的老人；今天，每九個在工作的人，供養一個退休的老人，這給社會福利和醫療制度帶來相當的壓力。反過來說，青少年數目的減少，會減少教育項目的花費，還有老年人比較節省，他們傾向存錢而不傾向花錢，所以導致銀行利息的下降，甚至經濟上通貨收縮的現象。不過，從另外一個角度來看，現在的老年人的健康狀況和經濟條件都比過去好得多，所以也給許多行業例如旅遊、保健帶來新的商機，老年人不一定是社會的負擔，他們也可以過著健康和快樂的生活。在可延續的發展裡，人口年齡分布的改變，是可以適應和調節的。

在人類過去以及未來的發展裡，傳染病的消滅根除，一直是重要的努力方向，人類在這方面的成就，固然是由於醫學的進步，但也展現了全世界共同合作的可能和重要性。

人類歷史上，天花是一種非常可怕的傳染病，遠在一萬年以前，天花已經在人類身上出現，在十八世紀，估計單是在歐洲，每年就有四十萬人死於天花病，即使到了二十世紀中期，全球每年死於天花病的人數還是幾百萬。自從十八世紀末期開始，由於疫苗的發現，國家和地區全面疫苗接種的計畫，以及偶發病例的隔離和處理，在一九七九年全球衛生組織正式宣布天花已經在地球上絕跡，這是最好的成功例子。

二十世紀中期，沙克（Jonas Salk）在一九五二年研製出注射的疫苗，沙賓（Albert Sabin）在一九六一年研製出口服的疫苗，今天，小兒痲痺症也差不多完全在地球上消滅了。

此外，痲疹、瘧疾的消滅也已經有很好的成效。愛滋病ＡＩＤＳ（Acquired Immune Deficiency Syndrome）是一九八〇年代發現的傳染病，源自簡寫爲ＨＩＶ的黴菌，今天愛滋病的傳染相當廣，而且還沒有完全有效治療的方法和疫苗。在二〇〇七年，估計全世界有三千多萬人感染了愛滋病，有兩百萬人死於愛滋病。愛滋病的防範和治療，是二十一世紀醫學公共衛生領域裡的重要課題。

講到人口問題時，人口的移動也是一個重要的題目。在一個國家地區裡，人口的分布帶來了城鄉差距的問題，城市因爲人口的集中，經濟能力比較強，帶來比較多的就業機會、比較高的教育水準、比較好的醫療服務，以及比較繁華的生活品質；但是，城市也因此有比較嚴重的交通壅塞的問題、居家空間的問題、空氣和生活環境污染的問題，以及生活上的安全問題等等。如何保持城市和鄉村的某些特色？如何縮短城市和鄉村之間的某些距離？是可延續的發展的一個課題。

國家和地區之間人口的移動，旅遊和工作是短期暫時的移動，移民是永久性的移動。按照統計，二〇〇五年全世界有大約兩億的移民，這是個不小的數字，但相對來講只是全世界人口的三％，換句話說，全世界人口的九七％還是居住在他們原來的出生地。移民的原因可分成推和拉的原因，推的原因就是導致一個人離開他原來居住的國家的原因；拉的原因就是導致一個人前往他要前往居住的國家的原因。這些原因包括經濟、教育、政治、生活環境、文化因素等等的考量。對一個國家而言，人才的吸收和流失；對個人而言，機會的尋求和失落，環境的適應和融合都有許多相關的法律、經濟、文化和社會的問題。

M型社會仍待解決

接著，讓我談談可延續的發展裡有關經濟的幾個問題和觀念。

雖然，全世界的經濟發展不斷提升了整體財富，但今天還有很多人過著非常貧困的生活。按照世界銀行的定義，如果一個人每天的生活費用是在一美元以下，那是屬於極端貧困，在二〇〇一年全世界有一五％以上的人口，是生活在極端貧困之中的；如果一個人每天的生活費用在兩美元以下，那是屬於貧困，在二〇〇一年全世界有四〇％以上的人口，是生活在貧困之中，這都是令人震驚的數字。今天，全世界平均每年有一千萬個兒童是因爲貧困而死亡，專家學者的一個目標是，二〇二五年全世界沒有人生活在極端貧困之中。

除了絕對的極端貧困之外，相對的貧富懸殊，也是可延續的發展裡的一個重要的問題。在統計學裡，一個常常用來量度財富分布的指標吉尼係數，是一九一二年一位義大利統計學家吉尼提出來的一個觀念，吉尼係數的數值在〇與一之間，〇表示非常均勻的財富分布，一代表非常不均勻的財富分布。舉幾個例子，假如一百個人裡，每個人的財富都是一元，那麼吉尼係數是〇；假如一百個人裡，五十個人每人的財富是〇，五十個人每人的財富是兩元，那麼吉尼係數是〇・五；假如一百個人裡頭，九十九個人的財富都是〇，只有一個人的財富是一百元，那麼吉尼係數是〇・九九。

吉尼係數越小越接近〇，代表財富的分布相當平均；吉尼係數越大越接近一，代表財富的分布相當不均。全世界的國家裡，墨西哥和巴西比較極端，它的吉尼係數在〇・五至〇・六之間；美國不算低，在〇・四上下；日本比較低，在〇・三五左右；瑞典更低，在〇・三三上下；台灣在一九六五年期間，在〇・三二左右，以後的十幾年掉到〇・三以下，近年來又升回到〇・三四左右；中國大陸已經升到〇・四五了。

在理論上，平均財富和財富分配的平衡度是兩個獨立不同的指標，如果平均財富高，大家都可以過好的生活，那麼比較不平衡的財富分配，還是比較容易接受；如果平均財富低加上比較大的貧富懸殊，就容易引起社會動盪不安了。杜甫的兩句詩「朱門酒肉臭，路有凍死骨」，正是描寫M型社會裡財富不均衡、也可以說是不公義的現象。

未來，社會的經濟發展有幾個有趣又重要的觀念，其中一個是微額信貸（micro credit），就是把非常低額的貸款（micro loans），借給有需要但是卻沒有抵押、沒有保障一定有能力歸還的人。一個很好的例子是二〇〇六年諾貝爾和平獎得主尤努斯（Muhammad Yunus）的故事。尤努斯是孟加拉的一位銀行家和經濟學家，他在孟加拉長大，在美國獲得經濟學的博士學位後回到孟加拉。一九七〇年代他看到當地的婦女想要從事生產事業，卻連最起碼的資金都沒有，他從自己口袋中拿出二十七美元，借給四十二個婦女，讓他們買材料，製造竹的家具，這些人平均只賺到兩分錢美元。這是個很好的例子，通常銀行只願意把大額的款項借給可靠的大企業、大公司，沒有銀行願意把非常小額的款項，借給什麼都沒有的貧窮婦女。尤努斯的想法和做法非常成功，他的銀行在二〇〇七年借出了六十四億美元給七百多萬個貸款人，他也因此獲得二〇〇六年諾貝爾和平獎。尤努斯的觀念被仿效、推展到一百多個國家，他的觀念特別幫助了貧困的婦女創立她們自己的事業，也提升了婦女在工商業的地位。

談到幫助沒有經濟能力的人籌借資本來創業，中國自古就有，大家都聽過的標會、或者叫作合會的做法，就是一群親戚朋友團結起來，每個人按月拿出數目不大的會錢，集中支持一個需要一筆比較大的款項的人，當然合會得靠大家共同的信用，否則就遇到所謂「倒會」。其實，在尤努斯微額信貸的方法中，也有一個連坐的觀念，就是幾個貸款人相互保證一定會把貸款清還。

避免荷蘭疾病的衝擊

在經濟發展裡，另外一個有趣的觀念，就是所謂「荷蘭疾病」（Dutch Disease）的防止。「荷蘭疾病」這個詞狹義的是指，當一個國家突然發現了新的値錢的天然資源，國家收入的突然增加，卻招致製造工業的衰退；比較廣義是指，因爲天然資源的收入、或者外援、或者國外投資的突然增加，而引起的工業和企業的轉型；甚至更廣義的觀點是，工業和企業間轉型和起落興替的關係。

「荷蘭疾病」這個名詞源於一九五〇～六〇年代，荷蘭突然在它的外海岸發現了大量天然氣的儲藏，這些天然氣帶來了大筆的財富，但是這筆財富對整體的經濟卻帶來了若干負面的影響。首先，因爲天然氣的開採所需要的人力和物力，導致投入別的工業例如製造業的人力和物力減退；其次，國內財富的增加，引起國內非製造性的消費工業如服務業的發展，又帶動了人力和物力向這些行業的轉移；再者，大量財富的湧入，導致國家貨幣的升値，因而減低對外輸出的產業如製造業的競爭力。

「荷蘭疾病」不是單一的例子，近年來石油價格的上升，引起對許多中東產油國家農業和製造業的衝擊。一九七〇年末期，咖啡價格的上升，引起有些盛產咖啡的國家如哥倫比亞，傳統的輸出產業的衰退。最近六、七年內，澳門博彩事業的蓬勃興起，引起對服務業人力的大量需求，可是對高科技產業和製造業，卻引起了壓抑的效應。台灣自從農業到製造工業到電子工業的轉型，也看到很多和「荷蘭疾病」相似的衝擊。

國家財富的增加，往往是天上掉下來的一個禮物，但是，如何善用這些突然增加的財富、避免負面衝擊，當然就是經濟政策的問題。自然資源遲早會用盡，一個新興的工業也一定會逐漸衰退，如何善用這些突然增加的資源，來規劃、培養未來新產業的發展，提高國計民生；如何避免傳統工業受到過大的負面衝擊、處理貨幣價值的問題，都是未來的經濟環境裡，時刻需要注意的題目。

我們談到人類社會的未來，談到可延續的發展裡環境、資源、人口、經濟的問題和挑戰，我們沒有理由悲觀，我們應該有信心，只要好好面對問題和挑戰，永續發展的目標是可以達到的。

平不平衡很重要

結婚、找工作、買衣服、賣車子……都跟博奕理論大有關係。

「博奕理論」（game theory）是個大題目，跟應用數學、經濟學、管理科學、社會科學、心理學這些領域都有密切關係。在許多學校裡，經常是一門三學分的研究所課程。在篇幅有限的情況下，我只能大致談些基本觀念，以及相關的有趣例子。

有兩家百貨公司在市場上搶生意，A公司有三個不同的策略：減價、增加廣告費用、提升工作人員的服務品質；B公司有四個不同的策略：減價、請名人代言、延長開店時間、重新裝修內部。假設每家公司只能選擇一個策略，當他們個別選定了策略之後，一翻兩瞪眼，他們可以按照已有的資料，知道在這兩個策略彼此較量之下，到底哪個公司占了上風？占了多少上風？這可以用營業收入來計算。所以，對A公司來講，他們要評估、猜測B公司會選擇什麼策略；對B公司來講，他們要評估、猜測A公司會選擇什麼策略。這可能包括心理戰、間諜戰，甚至求神問卜來做決定。但在一個適當的模型下，數學分析也有很大的幫助，這就是在博奕理論中要討論的。

博奕理論領域的開山鼻祖就是在科學界很有名的馮諾曼（John Von Neumann）。他出生匈牙利，移民美國，許多人說他是「二十世紀最聰明的科學家」。這句話當然現在無法證明，卻有相當的分量。因爲在一九三八年，跟他同時在普林斯頓大學研究所裡的物理學家愛因斯坦、數學家哥德爾（Kurt Godel），都有了驚天動地的貢獻。馮諾曼從六歲開始就展露天才，後來在數學、量子力學、計算機科學、原子彈的發展和博奕理論方面都有非常大的貢獻。可惜，他得了骨癌，五十四歲就英年早逝。

數學算出來的最佳策略

馮諾曼在一九四四年出了一本書《博奕理論和經濟行爲》（Theory of Games and Economic Behavior），將許多經濟行爲，包括競爭、合作、策略聯盟等用博奕的數學模型來表達，導引出許多數學上的結果。起初，有人懷疑數學模型是不是眞的有用，不過在一九九四和二〇〇五年諾貝爾經濟學獎都頒給博奕理論研究來看，這個理論的確相當受到大家的重視。一九九四年諾貝爾獎的得主之一是納許（John Nash），很多人看過「美麗境界」這部電影，正是描寫納許一生的故事，相當動人。

讓我嘗試用簡單的方法，爲大家描述博奕理論裡最基礎的觀念和結果。前面講到A、B兩家百貨公司在搶共同的市場，當兩家公司的行銷經理，都選定策略開始執行時，可能A公司的總經理把行銷經理叫到辦公室罵一頓，「早知道B公司的策略是如此，你該選另外一個策略」；B公司的總經理也把行銷經理叫到辦公室臭罵：「早知道A公司的策略是如此，你該選另外一個策略。」被罵臭頭的兩位行銷經理只好趕快計畫改變下個月的策略。

不過，也有另外一個可能。當雙方選定策略、開始執行時，A公司的總經理拍拍行銷經理的肩膀：「你在交大念的財務金融，還眞有點用，在B公司已經選定他們的策略的前提之下，你選的策略是最好的選擇。」B公司總經理也誇獎他的行銷經理一番：「你在清華計量財務方面的訓練，實在不錯，在A公司已經選定他們的策略的前提之下，你選的策略是最好的選擇。」這就是博奕理論裡重要的「平衡」觀念，相對的策略也就叫作「最佳的策略」。諸位不要誤會這兩位行銷經理是否偷偷在某間酒吧會面，彼此都先說好了。當雙方都知道這個市場競爭的數學模型時，每家公司應該選擇什麼策略，而能達到平衡的結果，是可以用數學算出來的。

讓我舉個簡單的例子。假如A公司有兩個可行的策略一和二；B公司也有兩個可行的策略一和二。假如A公司選擇策略一，當B公司選擇策略一時，A公司會多賺兩塊錢；當B公司選擇策略二時，A公司會多賺三塊錢。假如A公司選擇策略二，B公司選擇策略一時，A公司會多賺一塊錢；當B公司選擇策略二時，A公司會多賺四塊錢。讓我重複一次，在這四個不同的策略配對裡，A會多賺兩塊、三塊、一塊、四塊錢，在這個數學模型裡，A選他的策略，B也會選他的策略，就是這個競賽的「平衡」點。諸位不妨試著用紙筆來驗證一下。

那麼，在什麼情形之下，一個競賽會有個平衡點？在什麼情形之下，競賽不會有平衡點？這就是馮諾曼在博奕理論裡開天闢地的工作中的最重要問題，也是納許後來得到經濟學諾貝爾獎所做的相關工作。我當然不可能在這裡再往下詳談，諸位得買一本關於博奕理論的書，或者到交大、清華選一門課。

不過，我這個老教授就是改不過來要吊吊學生胃口的老脾氣。在前面講的，A公司和B公司各有兩個策略的例子，如果我們把A公司可以賺的錢從上面的數目字二、三、一、四塊錢，改成一億、負一塊錢、負十塊錢和一塊錢，就是說如果A公司用策略一，B公司用策略一，A公司可以多賺一億；B公司用策略二，A公司會少賺一塊錢。如果A公司用策略二，B公司用策略一，A公司會少賺十塊錢；B公司用策略二，A公司會多賺一塊錢，再重複一遍，那四個數字分別是一億、負一、負一〇、一。在這種情形之下，用直覺來想，B公司的行銷經理打死也不會用策略一，因為A公司有多賺一億元的可能，但是如果B公司的行銷經理死守策略二，A公司的行銷經理也會死守策略二，那麼A公司可以穩賺一塊錢，那怎麼辦？這個問題需要引進一些新的觀念，但問題的平衡點還是有解。

得失自在人心

其實，平衡這個觀念，並不限於兩家百貨公司的競爭，也不限於數學、經濟學。在我們的生活裡，平衡就是無怨無悔，用英文來說就是「no regret」。在一個婚禮上，新郎對新娘說：「以我這個長相，能找到你這麼漂亮動人的老婆，我心滿意足了。」新娘對新郎說：「以我這種身材，能夠找到你這麼英俊瀟灑的老公，我心滿意足了。」這就是平衡。這對新人就會在這個平衡的平台上，同心合意一起努力，建置新家庭。一位工程師找份工作，或者一份工作要找工程師，也有平衡點。在合作或者競爭的環境當中，平衡是個雙贏的結果；一廂情願的決策，不把對方利益和聰明才智列入考慮，往往就是一個壞決策。

當然，生活裡有許多例子，無法完全用數學模型來分析，心理狀態、時間因素，都會影響我們的決定。

有人要出售舊汽車，同事想買這台舊汽車，爲了決定這台車的價錢，要賣的人跑到中古車經銷商那裡，經銷商說：「假如你要將這台車賣給我，我會出二十萬。」要買的人跑到經銷商那裡，經銷說商：「假如你要向我買這樣的一台車，你要出三十萬。」這麼一來，一個看似合理的價錢就是二十和三十中間的數目，也就是二十五萬。但是要買車的人說：「假如你把車賣給經銷商，你只能夠拿到二十萬，我給你二十萬加一塊你就賺了。」賣車的人講：「假如你向經銷商買這樣一部車，你要出三十萬，我以三十萬減一塊錢，你就有賺了。」這個問題該怎樣解決，就要看這兩人哪個比較急著買或者賣，哪個比較堅持所謂的「原則」，那個比較不講理等等了。

一位老闆有兩位祕書，大祕書和小祕書。老闆向大祕書說：「你有一個選擇，我可以給你一萬塊的獎金，或者我可以給你和小祕書一萬五千元的獎金，但是，你們要找到雙方都同意的方法來分這一萬五千元。」也許大祕書會說，我就選擇拿那一萬元，不要傷腦筋和小祕書打交道了；但是，也許大祕書會說：「我選擇拿那一萬五千元，然後自己還是拿一萬元，讓小祕書拿五千元。」小祕書就平白得了五千元。但是大概大祕書也會說，這樣不對，我選擇拿那一萬五千元，然後自己拿一萬二千五百元，讓小祕書拿二千五百元，因爲對小祕書說，這二千五百元是平空飛來的，沒有我這個選擇，小祕書什麼也拿不到。但是小祕書也會說，你拿一萬元零一元，給我四千九百九十九元，也是合理的，因爲有了我，你才多拿了一塊錢。各位當老闆的，不妨試試這個實驗。一個最常見的選擇是，大小祕書同意每人拿七千五百元，一團和氣，大祕書送了一個禮，小祕書欠了一份情。這個例子說明了，在許多情形下，人情往往是做決定時的重要因素。

在一堂經濟學的課程裡，老師拿出一張百元鈔票拍賣，出價最高的人會買到這張鈔票。但是，老師有個附帶條件，出價次高的人，不但得不到這張百元鈔，還得付出他所出的價錢。例如，第一個學生出價十塊錢，第二個學生出價二十塊錢，假使這時，沒有人再競標了，第二個學生就用二十元得到那張百元鈔，第一個學生不但拿不到那張百鈔，還倒虧十塊錢。這是個有趣的實驗，競標停在二十元是不太可能的，因爲別人都會眼紅，使用二十元換得一百元，爲什麼我不用三十元來換這一百元？不要忘記這時，原來標二十元的那個學生就會虧掉二十元了。尤其是，當價錢標高到九十元時，有沒有人會標九十九元？這個時候標九十九元的人，會不會標一百零一元去買這張百元鈔呢？這個競標到了後來，就看最高和次高標兩人的心理了，誰手上的資金比較多，誰比較好勝，誰比較保守，比較容易洩氣。在許多實驗裡，一張百元的鈔票，往往可以賣到三、五百元。

有人說，這是你們蛋頭教授想出來的遊戲，誰會跟你玩這種荒謬的競標遊戲？其實，我們在生活中常常碰到這類例子。當你打長途電話去公司找人，總機接通了，要找的人分機忙線中，你等不等呢？你會等多久才放棄呢？假如你堅持要等分機接通，那你越等，付出的長途電話費越高，你會自問，跟那個人講話值不值得花那麼多的電話費呢？但是，如果你中途放棄，付出的電話費就完全沒有任何效果了。當你在遊樂場排隊去玩一個遊戲時，假如這個隊伍排得很長，移動得很慢，你會堅持到底嗎？還是中途放棄？

回過頭來看百元鈔票的競標遊戲，假設競投的人手上的錢是有限而不是無窮的話，我們其實可以設計一些合理策略的。這裡就不再深談了。

從這幾個例子，我們看到在許多眞實或虛擬的情形中，從數學、邏輯、推理、心理、人情等角度來思考，常常會得到有用和有趣的結果。孫子兵法說：「多算勝，少算不勝，況無算乎？」就是說，多多思考計算才會贏，不好好思考計算贏不了，完全不思考計算，那肯定要完蛋了。

祝福你在要做的決定裡，都找到最佳的平衡點。

囚犯的兩難

我們在做決定的時候，
有時是純理性的，可以用數學模型來分析；
有時卻又是靠直覺、意氣來主導。

博奕理論中有個著名的例子，叫作「囚犯的兩難」（Prisoner's Dilemma）。警察捉到了兩個偷竊嫌犯，嫌犯可以選擇保持緘默或者坦白招供。假如兩個都保持緘默的話，每個人只要坐半年牢；假如都坦白招供的話，都要坐兩年牢；如果一個保持緘默，另一個坦白招供的話，保持緘默的要坐五年牢，坦白招供的就可以被釋放。當然，兩個嫌犯沒有串供的機會。請問他們應該怎樣選擇呢？

如果一個嫌犯決定保持緘默的話，最好的可能是另一個嫌犯也決定保持緘默，最壞的可能則是另一個嫌犯決定坦白招供，保持緘默的就要坐五年牢了。如果這個嫌犯決定坦白招供的話，最好的可能是另外一個嫌犯決定保持緘默，最壞的可能是另外一個嫌犯也決定坦白招供，那他就要坐兩年牢。在這兩個可能選擇中，他比較了兩個最壞的可能，那就是坐五年牢或者兩年牢，所以，他會選擇坦白招供。另一個嫌犯做了同樣的分析，也會選擇坦白招供，所以他們都得坐兩年牢。這兩個偷竊嫌犯的選擇都是合乎邏輯的決定。當面臨不同的選擇時，我們會把每個選擇的最壞結果算出來，然後在最壞的結果中，選擇最輕微的損失，也就是所謂「兩害相權取其輕」，也是博奕理論中，所有最小中的最大（maximin），和所有最大中的最小（minimax）的觀念。

在博奕理論裡，他們兩個人的選擇，又稱爲「平衡點」。即使當一個嫌犯知道另一個嫌犯的選擇時，他不會後悔，如果他倒過來改變自己的選擇，後果反而更糟。當然，如果兩人同時保持緘默的話，都只要坐半年牢，如果把兩個人坐牢的時間總數加起來，在所有選擇中是最好的結果，但兩人沒有串供的機會、在彼此不能互信的情形下，每個嫌犯都不敢做保持緘默的選擇。

理性與感性的抉擇

現實生活中，有許多跟這個例子一樣的情形。當兩國做軍備競賽時，可以選擇花很多錢擴充軍備，也可以選擇不花錢擴充軍備。如果其中一個國家花很多錢在軍備上，而另外一個國家不花錢在軍備上，對不花錢在軍備上的國家，後果是不堪想像的。根據前面的分析，兩個國家的決策都會是花錢在軍備擴充上；雖然如果兩個國家都同意，不花錢在軍備擴充上，是更好的結果。

另一個例子是，兩家香菸公司得決定是否要花很多錢在廣告費上；如果，一家公司花很多錢在廣告費上，另一家公司捨不得花錢的話，這家公司就會失掉許多的市場。根據前面的分析，兩家公司都會決定花很多錢在廣告費上，這也是一個平衡點，雖然大家都同意不花錢在廣告費上反而是個雙贏的局面。

我要講的第二個例子，叫作「最後通牒遊戲」（Ultimatum Game）。在這個遊戲裡，我們把十塊錢交給一個人A，他要把這十塊錢的一部分，分給另外一個人B。例如說，他建議把十塊錢裡的三塊錢分給B，如果B同意接受，B就得到三塊錢，A就得到七塊錢；如果B不同意，那麼我們就把十塊錢收回來，A也得不到什麼，B也得不到什麼。問題是A應該建議把多少錢分給B呢？如果，你是一個很會盤算的人，你會說：「A應該建議給B一分錢，自己留下九塊九毛九。」因爲，假如B是個很理性的人，B應該會同意，因爲如果他同意了，他可以得到一分錢，如果他不同意，連一分錢也得不到，眞的是不要白不要。

但是，如果你懂得一點心理學的話，你會說這個建議行不通，因爲B可能會覺得：「爲什麼A可以占這麼大的比例？十塊錢，只給我一分錢呢？這明明是個侮辱，乾脆大家都不要好了。」

現實生活中，有許多「最後通牒遊戲」的例子。A是個售貨員，每賣一台機器，他可以賺一百元的佣金，B要來買一台機器，他要A給個回扣，回扣數目是一口價，沒有討論的空間和機會。如果A說回扣是三十塊錢，B接受了，B就拿到三十塊錢，A就賺到七十塊錢。如果B拒絕了，生意就做不成，A也拿不到佣金，B也拿不到回扣，以做生意的心態，A敢給B這三十塊錢的回扣嗎？A可能給B五十塊錢的回扣？八十塊錢的回扣嗎？當然這個問題牽涉到其他的因素，對A來講，賣掉這台機器對他業績的影響有多大？一百塊錢的佣金對他有多重要？跟B建立良好的關係有沒有好處？這些都是要考量的。

你會怎麼選？

另外一個例子，是百貨公司減價的時候，「打九折」就等於在「最後通牒遊戲」中，百貨公司要把他手上的十塊錢分一塊錢給你，如果你接受了，百貨公司賺九塊錢，而你有了一塊錢；如果你不接受，百貨公司賺不到錢，你也省不了錢。那麼，到底該打什麼折扣呢？這又有牽涉到很多的考量。夏季大減價的時候，我在百貨公司找到一套衣服，店員告訴我可以打六折。如果我等一個月，就會降到五折，不過我要的尺碼可能就沒有存貨了。最後，我買了那套衣服，你猜我是付六折還是五折的價錢？

還有一個稍爲複雜點的「最後通牒遊戲」。有位老闆給他的處長一個選擇，老闆可以給他一百塊錢，老闆也可以給他一百五十塊錢，但是他必須拿這一百五十塊錢，和另一位處長按照「最後通牒遊戲」的規則來分。你認爲這位處長應該做什麼樣的選擇？換做是你，又會怎麼選？

前面兩個經濟學裡的遊戲，經常被用來闡述經濟學裡的觀念和現象。另外，還有一個叫作「公有利益」（Public Good）的遊戲。有四個人，每人手上有十塊錢。他們可以把手上的錢拿出來，一起去投資，保證穩賺不賠；例如說，一定可以賺到一倍。投資的結果會連本帶利，平分給這四個人，如果每個人把自己的十塊錢都拿出來，一共四十元，投資的結果變成八十元，平分給這四個人，每人得到二十塊錢；假如每個人只拿出三塊錢，一共十二塊錢，投資的結果變成二十四塊錢，每人平分得到六塊錢，連同原來沒有拿出來的七塊錢，每個人一共得到十三塊錢。假如，每個人拿出來投資的錢不一定都一樣，也不可以預先商量達成協議，不過投資結果倒是由大家均分，例如說有兩個人拿出五塊錢，有兩個人根本不拿，結果一共有十塊錢去投資，變成二十塊錢，給四個人去平分，每人分得五塊錢，前面兩個人拿出五塊錢，連同分得的五塊錢，一共十塊錢，後面兩個人沒拿錢出來，還是分到五塊錢，一共十五塊錢。諸位可以算一下，假如一個人拿七塊錢出來，另外三人每人拿出一塊錢，第一個人最後只有八塊錢，反而賠了本。

在這個遊戲裡，投資是絕對好的事情，因爲保證穩賺不賠，所以最理想的策略，是每個人都把所有的財富拿出來投資。雖然這樣做會讓集體的財富，得到最大的增長，但站在個人的觀點，卻不一定如此。如果一個人拿出來的比較多，他最後的總財富不見得會成長很多，還可能賠本。如果一個人拿出來比較少，甚至不拿出來，他可以分享別人投資的結果，還可能賺得比較多。在前面那個例子，如果每個人把手上的十塊錢都拿出來投資，最後每個人得到的是二十塊錢，如果三個人把手上的十塊錢都拿出來，另外一個人一分錢都不拿，最後他分到十五塊錢，連同原有的十塊錢，他一共有二十五塊錢了。所以，一個很有趣的問題是，每個人該怎麼做？如何把錢拿出來參與共同投資？假如是爲了共同財富的增加，那是很明顯的，每個人都應該把錢全拿出來；假如爲了個人利益，我拿了，別人不拿，我可就吃虧了；我不拿，別人拿，我就賺了。

自私和公益的平衡

這個遊戲，在經濟學上代表了什麼現象和觀念呢？它代表了大家付出不同的代價，目標是爲了共同且公有的利益，而這個共同公有的利益是由大家平均享受的。舉例來說，每個人繳的稅不同，但都可以享用公共的公園、風景區、公共設施；有些人捐很多錢給慈善活動，有些人捐一點，有些人不捐，但是慈善活動是爲了全體福利的；有些人捐錢製作好的電視節目、支持好的無線電台，這些好的節目是大家都可以免費享受的。有些國家，不買票搭乘公共交通，不容易被捉到的，那你買不買票呢？如果，每個人都不買票，公共交通系統就難以維持下去。選舉的時候，每個人會問，一張選票會不會影響到選舉結果，那你去不去投票呢？在做這些決定的時候，個人的利益、共同公有的利益、公德心、責任感都是影響我們做決定的因素。

前面談的這幾個經濟學上的遊戲，都是用來闡述、討論、驗證經濟學上的許多觀察、理論和模型。

在經濟理論上，有所謂「經濟人」（Economic Man）這個觀念，一個經濟人是完全理性、以財富爲唯一或者是最重要目標的人。在「囚犯的兩難」這個例子中，用博奕理論算出，兩個囚犯都應該選擇坦白招供這條路，就是完全根據數學模型得來的結果。但是，經濟學家發現，我們不能光是以數字作爲財富的指標；坐五年的牢比坐兩年的牢，對某些人是很大的差別，對某些人是比較小的差別。在「最後通牒遊戲」裡，如果在一百元裡，你給他一元，他覺得他才不要這一元；可是在一百萬元裡，你給他一萬元，很多人就不會嗤之以鼻了。所以，經濟學上提出了「實用功能」（utility）這個觀念，簡單地說，數字雖然和實用功能有關，但不一定成正比。當一萬元對一個人的實用功能不小時，他會忍氣吞聲乖乖地接受一萬元，讓另一個人拿走九十九萬元。不過，即使加上實用功能這個觀念，還是不能完全解釋所有的經濟行爲；在「最後通牒遊戲」裡，如果在一百萬元裡，你給他一萬元，即使對他而言，一萬元的實用功能不算低，但他會覺得你在欺負他、羞辱他，同時也會有妒忌的反應，「爲什麼我要幫你的忙，讓你賺得九十九萬元呢？」

在「共同公有利益」的例子裡，則是自私和公益的平衡，也是爲自己和爲他人的平衡。犧牲小我完成大我、我不地獄誰入地獄；己所不欲勿施於人；你要人怎樣待你，你也要怎樣待人（Do to others as you would have them do to you.）；用仁慈換取仁慈，用合作換取合作……，這些都是經濟學加上社會學，常常觀察到的現象，也是我們每個平常人可以努力達到的目標。

至於懷疑、猜忌、欺詐、瞞騙，也許可以得到短期的個人利益，但是到了後頭，對個人、對社會總體的損失，可能會是非常龐大。透過數學、經濟學、社會學、心理學，我們對經濟和社會行爲，又有了更多的了解。

莫非定律

「凡是可能出錯的事，一定會出錯。」莫非定律到底有沒有道理？

相信大家都聽過「莫非定律」（Murphy's Law），意思是說：「凡是可能出錯的事，一定會出錯。」（If anthing can go wrong, it will.）莫非定律源自一個叫作莫非（Edward Murphy）的美國人，他是美國空軍上尉，當他從事有關火箭研究實驗工作的時候，曾說過：「凡是可能出錯的事，一定會出錯。」這句話，後來就成爲有名的莫非定律。

對此，許多人都提出了不同的驗證。當塗了果醬的麵包掉在地上時，總是塗果醬的一面朝下，把地毯弄髒，麵包也不能撿起來再吃了；在超級市場排隊結帳的時候，旁邊那隊總是比自己排的隊伍移動得快；當你趕公車的時候，總是人跑到公車站，公車正好剛開走；當你口袋裡有兩把鑰匙，一把是大門的，一把是車子的，每次都會掏了錯的鑰匙；當你爲主管或重要客戶做簡報時，平常用得好好的電腦會突然壞掉。這些例子，總是不勝枚舉。

那麼，莫非定律到底是不是對的呢？有幾個不同解釋，說明爲什麼莫非定律好像聽起來有點道理：

錯誤一定會發生

第一，從物理的觀點來看，在多數的情形下，當盤子打翻，麵包開始往下掉的時候，麵包正好翻了一個身，讓塗果醬的那一面朝下。麵包從桌上掉到地面的短短時間裡，沒有足夠的時間再翻一次身，讓塗了果醬的一面倒轉過來。在超級市場排隊結帳時，左邊有一個隊，右邊有一個隊，按照最簡單的機率計算，你比左右兩邊移動都快的機率是三分之一，比左右兩邊其中一個隊伍慢的機率是三分之二。

第二，我們的腦子都會做選擇性的判斷。當你跑到公車站，正好趕上公車時，會謝天謝地開心得很，不會特意去想這是莫非定律的反例；可是，當你沒趕上公車、在沮喪之餘，立刻就會想起莫非定律。當你在口袋裡掏出一把鑰匙，假如掏出來是對的，一定匆匆開了門或者開了車就走，只有是錯的時候，才會想起莫非先生。

第三，莫非定律的原意是好的、正面的；它提醒大家，如果我們不小心的話，出錯的機會是很高。可是過分的小心，有時反而適得其反；爲了一個重要的簡報，我們操演又操演，可能在簡報前把電池的電都耗光了；或者爲了重要簡報，特別換了台新電腦……，卻成了引發意外的原因。

這讓我想起一個老笑話：有一個人，早上起來，沒有準時去上班，卻呆呆地坐在大門口，老婆問他怎麼回事？他說：「大門口的桌上有個古董花瓶，昨天一位算命先生說，這個花瓶今天會打碎。我想花瓶明明好好地放在桌上，從來沒有移動過，怎麼會在今天給打碎呢？所以，我要坐在這裡，親眼看見這個意外怎麼發生？甚至避免這個意外的發生。」老婆說：「這是無稽之談，你不要浪費時間了，這個意外不會發生的，趕快去上班吧！」他就是不肯聽老婆的話，還是呆呆坐在那裡，老婆說了好幾次，他也不聽，老婆就火起來了，拿起花瓶，往地上一摔，說：「好了吧，你現在可以去上班了。」

不管莫非定律是不是對的，我倒覺得它有存在的價值。當錯誤發生時，也許我們會怪別人，也許會怪自己，第三個可能會怪的就是莫非先生。

事實上，當錯誤發生的時候，我們應當把錯誤的源頭和原因找出來，釐清責任，到底是大老闆決策的錯誤，還是小工程師執行的過失。然而，把責任釐清是爲了要尋求改進，不是文過飾非，把責任推給別人，甚至嫁禍別人。其次，當錯誤發生時，我們當然要自我檢討，確定錯誤不是因為自己的過失和疏忽。不過，也不必過分苛責自己，自怨、自艾，讓自己苦惱。

錯誤發生時，我們當然也可以把責任推到莫非先生身上，在檢討之餘，也要能用寬恕輕鬆的心情，接受已經發生的事實，不必苛責他人與自己，免除不必要的爭執和對立。既然莫非先生說，「錯誤一定會發生」，那就讓我們重新開始吧！

其實，英文裡有句成語：「覆水難收。」（Don't cry over spilled milk，不要為打翻的牛奶哭）也正是莫非定律的引伸。但我們也不能過了頭，把錯誤全推在莫非先生身上，那就會失去了檢討、負責和改進的力量。

中國有句老話：「不如意事，十常八九。」出自歐陽修〈與丁學士〉這篇文章。這句話也可以叫作「歐陽修定律」，跟莫非定律有很相似的地方。我也曾在網路上看到一篇林清玄寫的文章，提到為他的朋友寫了幅對聯，上聯是「常想一二」，下聯是「不思八九」，意思是希望我們都能很快樂地記住那一、兩件如意事，把八、九件不愉快的事拋諸腦後。

有人說，莫非定律其實是個延伸：面對兩個可能的選擇時，我們一定會做出錯誤的、後悔的選擇。和朋友去吃晚飯的時候，點了牛排，可是菜上來的之後，發現朋友點的魚好像比自己點的牛排好。出門決定不帶傘的時候，果然就傾盆大雨。我們前面說過，莫非定律可以有很多似是而非、似非而是的解釋。在我們的工作裡、個人的事業裡、個人的生活裡，常常要面對很多重要選擇。在這種情形下，當然不能相信也不會接受「無論做什麼選擇都是錯的」這個前提。我想和大家分享的是，我在面臨選擇時的幾個看法：

理性面對選擇

第一，身爲一個科技人，我相信很多選擇必須以理性爲出發點，用客觀的分析和全面的了解爲基礎。不做盲目的選擇，也不意氣用事，而是以清晰的目光、冷靜的頭腦，做出選擇和決定。

第二，我們常常碰到非常難下決定的選擇：兩份都是很理想的工作，到底該選哪一個呢？考大學的時候，選理工還是文法呢？畢業後，出國進修還是到業界工作呢？魚與熊掌往往兩者不可兼得，但我記得有句話：「如果你面對的是一個難以決定的選擇，那麼不管選擇是什麼，都是一個好選擇。」因爲既然取捨間並不明顯，代表兩個可能的選擇都同樣是好的選擇。何況一個選擇究竟好不好，重要的是在做了選擇之後，如何努力證明這是個好選擇。選擇只是一個開始，當你能夠圓滿地成就它，自然就是個好的選擇了。

第三，當你要做選擇時，讓我和你分享美國詩人佛斯特（Robert Frost）的一首詩「沒有人走過的路」（The Road Not Taken）。這首詩描寫一個遠行人來到叢林中的交叉路口，要在兩條交叉路中做選擇。他知道自己沒有走回頭路的可能，雖然兩條路看起來都很清幽美麗，最後他說：「我選擇了很少人走過的那條路，讓它帶引我到一個不同的境界。」（I took the one less traveled by, and that has made all the difference.）

選擇很少人走過的那條路，需要的是勇氣，還有決心，不要怕別人的擔憂或批評；選擇很少人走過的那條路，目的地不知道在何處，路上可能布滿了野草和荊棘，需要援手和幫助的時候，也不一定找得到。但是，這條路會帶引你到一個不同的境界、一個新的情境，這才是遠行人的最大收穫。

我們都曾經站在交叉路口，都曾經做過選擇……希望你會記得佛斯特的名句。

一生中最重要的日子

我生在月圓的晚上，屬於天蠍座。對每個人來說，生日是一年三百多天裡，重要又特別的一天。

爲什麼，生日是那麼重要的一天呢？

相信命理的人會說，一個人一輩子的富貴榮華、事業功名、妻財子祿，都是命中注定的，生辰八字就決定這輩子的一切了。還記得生辰的八個字是哪八個字？這八個字正是由你出生的年月日和時來決定的。在中國的命理學裡，有所謂「十天干」，甲、乙、丙、丁、戊、己、庚、辛、壬、癸，有所謂「十二地支」，子、丑、寅、卯、辰、巳、午、未、申、酉、戌、亥。每年就用一個天干配上一個地支來表示。歷史上有康有爲、梁啓超、譚嗣同等人帶動的「戊戌政變」，就是一八九八這一年，還有孫中山先生領導的「辛亥革命」，正是一九一一年。

十個天干配十二個地支，就會有一百二十個配對，但我們只用其中的六十個，因爲十個天干分成五個是陽、五個是陰，十二地支分成六個是陽、六個是陰，陽天干配陽地支，陰天干配陰地支，就像甲配子，但是不配丑，乙配丑，但是不配子。所以從甲子開始，共有六十個配對，然後再從甲子開始，循環反覆。所以，一甲子就是六十年的意思。

屬於自己的一天

每個人出生的年都用一個天干、一個地支來代表，出生的月是這樣，出生的日也是，出生的時辰也是，共有八個字，就是所謂的生辰八字。至於出生的月、日和時辰，天干和地支怎麼決定，命理書上有個表可以查出來。

中國人除了用天干地支來代表年之外，也用十二生肖的鼠、牛、虎、兔、龍、蛇、馬、羊、猴、雞、狗、豬代表。像二〇一〇年是虎年，明年就是兔年，這十二生肖跟十二地支相互對應。在中國文字裡，就有很多成語是用兩個動物來做比喻，包括「兔死狐悲」、「貓哭耗子」……

中國人相信，一個人出生的時辰就決定了命運，西方人也是如此。從古希臘時代開始，人們相信一個人出生時，天上星辰相對位置的排列會決定人們的命運。星象學家按照太陽和十二星座的相對位置，把一年分成十二個時段，分別用白羊、金牛、雙子、巨蟹、獅子、處女、天秤、天蠍、射手、魔羯、水瓶、雙魚十二個星座的名字來代表。很多報紙雜誌都有星座運勢，按照星座，把你最近一段時間，健康、財富、事業、愛情做個預測分析，看漲還是看跌？利多還是短空？相信一個人的運勢從出生那天就自有定數。

中國有句老話，說一個人想中狀元，要靠「一命、二運、三風水、四積陰德、五讀書」。想中狀元要有好命，努力讀書的重要性不過是排在第五位。英文中有句話說一個人「嘴裡含著一支銀湯匙出生」（born with a silver spoon in his mouth），說的是某人出生在有錢的家庭。按照歐洲古老的習慣，有錢人會用銀湯匙當做出生的賀禮。

其實，把生日看成重要、特別的一天，還有個很好的原因：一個人生下來的時候就代表一個開始，以後每年生日，都可以看成是一個回顧過去、重新開始的機會，希望生日帶來新的成就和新的快樂。我想，西方人習慣在吹滅生日蛋糕蠟燭時，要先許個願，也是這個道理吧。有句大家常講的話，「生命從四十歲開始」（Life Begins at Forty），這句話源自一九三〇年皮特金（Walter B.Pitkin）寫的一本書，四十歲也是個重新開始的出發點。把生日看成特別的一天，也有一個輕鬆的好理由，每個人每年都應該有特別屬於自己的一天，讓大家恭賀他，請他吃飯，送他禮物，讓他開心，尤其是家人朋友間，大家的生日不同，就有很多機會可以一起吃飯、唱歌，一起歡樂。

一年有三百六十五天，所以同一天過生日的人當然不少。你知道嗎？如果隨便找二十三個人，其中有兩個人生日是同一天的機率，會超過二分之一哦！

活得老也要活得好

每過一個生日，我們就多長一歲。在醫藥條件和生活環境良好的國家，包括美國、台灣、日本，平均壽命已經在七十歲以上，而且隨著醫藥的發達和保健的注意，平均壽命還在一直增加。其實在中國傳統醫學的文獻裡，黃帝寫的《素問》裡面的「上古天眞論」，就說人的天年是一百歲；《尙書》的「洪範」篇還推算人壽爲一百二十歲。追求長生不老是每個人的願望，在中國歷史上最有名的故事，就是秦始皇讓徐福帶了五百童男、五百童女，到東邊的蓬萊仙島尋找不老良藥。後來他們抵達日本，就定居下來了。

不過，活得老也要活得好。有個笑話說，一位老先生去看醫生，向醫生請教怎麼樣才可以活到九十九歲呢？醫生問他，你抽菸嗎？他說，不抽。你喝酒嗎？他說，不喝。你過著天天絃管、夜夜笙歌的糜爛生活嗎？他說，沒有沒有。醫生問：「那你爲什麼要活到九十九歲？」

每個人在不同年齡，有不同歷練，孔子說：「吾十有五而志於學，三十而立，四十而不惑，五十而知天命，六十而耳順，七十而從心所欲，不踰矩。」說的是一個人到了十五歲，就該專心讀書了，這在今天的教育制度下，是非常合理的時間表。小學和國中都是讀書的準備階段，到了高中才是專心用功讀書的開始。可惜在我們今天的考試制度下，連上幼稚園的小朋友都得補習英文、上才藝班，從國小開始，就得爲考試拚命。孔夫子看到了，恐怕也會大叫「哀哉！哀哉！」

到了三十歲，一個人有了充分的經驗和訓練，知道自己的目標、立場，還有原則，就能堅定地站穩。三十而立的「立」就是頂天立地，己立立人、己達達人。到了四十歲，事理能夠通達，沒有疑惑，也不容易受外來的困惑、騷擾所影響。但是，有了更好的判斷能力，當應該修改變更的時候，也能做適當的調整。古時候也說，「四十歲是常識之年」，是指一個人到了四十歲，身心都已相當成熟，可以擔任重要的官位了。胡適之先生在他四十多歲時，寫了一篇小詩：「略有幾莖白髮，心情微近中年，做了過河卒子，唯有拚命向前。」韓愈在他的《祭十二郎文》裡，「吾年未四十，而視茫茫，而髮蒼蒼，而齒牙動搖」，只能說是未老先衰了。西方社會有個習慣是不要打聽別人的年齡，尤其是女性，所以他們都說中年女性的年齡，永遠是三十九歲。

到了五十歲，能夠明白大環境、接受大環境，但不一定對每件事都聽天由命、消極的接受，也包括在明白現實的大環境後，知道有什麼是可以改進變化的空間。六十而耳順，有幾個解釋：一是聽得懂別人講話的意思；以及有耐心聽取別人的意見，並予以接納。古語說：「忠言逆耳。」到了六十歲的人，有了足夠的成熟，忠言就不會逆耳，而是順耳。耳順的第三個意思是，有了足夠的成熟，即使是不好聽的、不合理的話，聽進去也不會動怒。六十歲也叫作「花甲之年」，因爲上面講過，天干地支每隔六十年重複一次，從甲子再做一個開始。

七十而從心所欲不踰矩，是說有了足夠經驗和訓練的人，本能和直覺都會是正確的，連想都不要想，就能做正確的判斷和選擇。七十歲也叫作「古稀之年」，杜甫的詩中有兩句：「酒債尋常隨處有，人生七十古來稀。」就是說，喝了酒欠下酒錢不還，是很平常的事，但是能夠活到七十歲的人，可就十分稀少了。歷史上，還有老萊子活到七十歲，穿上花衣服，像小孩子一樣，在堂前蹦蹦跳跳，逗爸媽開心。至於八十歲，歷史上有姜太公八十歲才遇到周文王的故事。姜太公用直的鉤子來釣魚的故事，就是「願者上鉤」。至於懂得養生之道的彭祖，號稱活到八百歲，是否可靠？就難說了。

說到這裡，大家都記得不惑之年、耳順之年、花甲之年、古稀之年是什麼意思了。請你們猜一猜，米壽是幾歲？白壽是幾歲？茶壽又是幾歲？

弦斷有誰聽？

結交新的朋友，維持舊的友情，一種是銀，另外一種是金。你，有幾個好朋友？

你有幾個朋友？相信絕大多數的人都會回答：「不知道。」接著，多數人都會接著提出一個防禦性的反擊：「請先告訴我，朋友的定義是什麼呢？」的確，讓我們先談談朋友的定義，最後再回到「有幾個朋友？」的問題。

站在社會科學、哲學、人類考古學的觀點，當我們在探討人和人間的關係時，朋友是個很重要的人際關係。首先，朋友通常指的是沒有血緣關係的人，有血緣關係的人是親戚；其次，朋友是跟我們有雙向互動關係的人，朋友關係的反面就是「陌生」。舉例來說，對我而言，上個星期香港六合彩頭獎得主是個全然陌生的人；即使一個我們崇拜的電影明星，一個電視上經常看到的政治人物，一個偉大的作家，也只是我們對這些人單方面的觀察、追隨和嚮往的對象。我膽子再大，也不敢說英國女皇、日本天皇是我的朋友。那麼敵人呢？有個看法是，敵人就是不好的朋友。在很多環境裡，特別是政治圈，本來就沒有永遠的朋友，也沒有永遠的敵人。

交會時互放光亮

孔子在《論語》裡說過：「益者三友，損友三友。」意思是有益的朋友有三種，有害的朋友也有三種。「友直、友諒、友多聞，益矣」，就是說正直的、誠實的和見聞廣博的，才是有益的朋友；「友便僻、友善柔、友便佞，損矣」，是說虛僞的、奸詐的、諂媚奉承、花言巧語的，都是有害的朋友。

古希臘哲學家亞里斯多德把朋友定義爲一個人的分身，他曾說過：「友誼是住在兩個身體裡的同一個靈魂。」（Friendship is a single soul dwelling in two bodies.）當然，這是友誼的最高層次，從底層開始最起碼的還有「泛泛之交」、「點頭之交」。在公司餐廳裡一起吃過飯的同事，飛機上坐在旁邊聊得來的老外，都算點頭之交。徐志摩的詩作「偶然」這麼形容：

我是天空裡的一片雲，偶爾投影在你的波心，
你不必訝異，更無須歡喜，在轉瞬間消滅了蹤影。

你我相逢在黑暗的海上，你有你的、我有我的方向，
你記得也好，最好你忘掉，在這交會時互放的光亮。

亞里斯多德說，朋友的一個層次是：工作或業務上的朋友，公司裡別部門的工程師，產品銷售的對象，替你送信的郵差，市場裡賣豬肉的老闆娘，都常常有往來，還加上禮貌性的互動。另外一個層次則是一起開心快樂的朋友，所謂酒肉朋友、一起打麻將的牌友、打小白球的球友，特別是三不五時聚在一起，泡茶、擺龍門陣的老友；只有對過去的一份懷念，沒有眼前利害關係的考量，正是可以共享快樂時光的朋友。有句英文老話：「結交新的朋友，維持舊的友情，一種是銀，另外一種是金。」（Make new friends, but keep the old. One is silver, and the other gold.）當然，朋友的最高層次就是亞里斯多德所說「友誼是住在兩個身體裡的同一個靈魂」，能夠相互尊重、相互扶持、同進退、共患難，甚至爲了朋友不惜犧牲自己，這就是「知己」。正是古人說的：「千金易得，知己難求。」

有人會問，「友情和愛情、知己和情人有何異同之處？」這是個複雜的問題，如果單是用性別來做分界，就忽略了許多人和人之間心理和感情的因素。我不敢冒然地回答這個問題，倒想趁這個機會解釋兩個大家經常使用的名詞。一個是「紅粉知己」或者「紅顏知己」，紅粉是女性用的胭脂，紅顏是擦了胭脂的臉，代表女性，紅粉知己在字面上是女性

的好朋友，不過一般解釋成是含蓄地代表男性的異性情人。在這個兩性平等的社會，繼紅顏知己的說法後，也有人發明了「藍顏知己」這個詞，就是女性的異性情人了。另外一個詞是「柏拉圖式的愛」（platonic love），柏拉圖是古希臘的哲學家，他是蘇格拉底的學生，亞里斯多德的老師。柏拉圖寫過兩本書，在這兩本書裡，他討論愛的不同層面，包括肉體的和靈性的，如何從一個層面的欲望轉爲另一個層面的美。

十五世紀，有人開始使用柏拉圖式的愛這個名詞，指異性間沒有肉體上的吸引和欲望，只有精神上的吸引和愛。所以，也許紅粉知己這個詞，是在知己的傳統解釋中，再加上性別的成分；而柏拉圖式的愛，卻又是從「愛」這個詞的傳統的解釋裡，減掉了性的成分。

接下來，我爲各位介紹幾個知己好友的故事。

知己難得，知音難尋

管仲和鮑叔牙都是公元前七世紀春秋戰國時代齊國人，年輕時就相識，鮑叔牙非常佩服管仲的才華。那時，齊國皇帝齊襄公是個暴君，鮑叔牙輔助齊襄公的弟弟公子小白，他們跑到小白母親的娘家莒國去；管仲輔助齊襄公的弟弟公子糾，他們則跑到糾的母親娘家魯國去。不久，齊國內亂，齊襄公被殺，公子小白和公子糾都趕回齊國爭奪皇位，半路上相遇，管仲彎弓射中了公子小白，公子小白翻身倒地，管仲以爲公子小白死了，繼續伴著公子糾往齊國去。

其實，公子小白只是假裝中箭身亡，他帶著鮑叔牙抄了小路趕回齊國，奪得政權成爲齊桓公。公子糾和管仲逃回魯國，齊桓公出兵大敗魯國，要求魯國的魯莊公殺死公子糾並交出管仲，魯莊公只好聽命。那時，魯莊公身邊的人都說管仲是個很能幹的人，不如把他殺了，免除後患，但是齊國的使者不同意，說管仲用箭射殺過我們的國君齊桓公，堅決要把管仲放入囚車，押回齊國去，管仲心裡知道這是鮑叔牙爲了照顧他而做的安排。管仲回到齊國，齊桓公聽了鮑叔牙推薦，不計較管仲射殺他的前嫌，任用他爲宰相，鮑叔牙反而退下來，只是當個大夫的職位。

管仲是位傑出的政治家，善用齊國在海邊的地利，流通貨物，累積財富，他說過：「倉廩實而知禮節，衣食足而知榮辱。」意思是只要經濟搞好了，老百姓自然會想到禮節和榮辱，他又說過：「下令如流水之源，令順民心。」是說國家的政令要像流水的源頭，順應民心，百姓所希望的，就順應民意給予他們，百姓不贊同的，就順應民意把法令屏除。管仲治理政事，能夠注意事情的緩急輕重，慎重地衡量利害得失，他說過：「能夠了解『給予就是爲了取得』這個道理，就是治理政事的法寶。」齊桓公在他的輔助之下，成爲諸侯中的霸主。

身爲一個政治家，管仲難免有不同評價。孔子在論語裡說，「管仲之德不勝其才」，意思是管仲的才華能力很強，但寬厚仁慈的品德就不及格了。的確，作爲一個領導者，能力固然重要，心地更加重要。宋朝的蘇洵（和他的兩個兒子蘇軾、蘇轍並稱「三蘇」）是政論家、文學家，他說：「齊國的強盛，不是由於管仲，而是由於鮑叔牙，因爲鮑叔牙能夠向齊桓公極力推薦管仲；齊國後來的動亂，不是由於後來接替管仲的幾個亂臣，而是管仲本人。因爲，管仲明明知道齊桓公沒有判斷用人的能力，卻沒有向齊桓公點出這幾個亂臣不可用，沒有替齊桓公安排有能力、有道德接替他的人。」司馬遷在《史記》裡也說，管仲輔助齊桓公，不勸勉他實行王道，卻幫他成爲霸主。他是否有盡到幫齊桓公發揚美德，並且糾正主公錯誤的責任呢？的確，我們看到很多有才華的人，甘心情願去做奴才，更看到沒有才華的人，只知道拚命去做奴才，歷史家們對管仲都還有這種批評，我們不是更應該注意小心嗎？

的確，國家、政黨、企業、團體都需要一個良好健全的永續接班的安排，不能受短視、私利和不用心的影響。

至於，管仲自己怎麼看待他和鮑叔牙的關係？他說，在我貧困時，曾和鮑叔牙一起做生意，分錢時，我總是多拿一點，他知道我窮，不認爲我是貧財；我替他做事，沒有做好，他也不覺得是我笨；我做過三次官都被罷黜，他也不認爲我沒有才能，只說時機有好有壞而已；我參加過三場戰事，屢屢敗逃，他不責怪我懦弱，因爲他知道我家還有老母親要供養；公子糾失敗了，我關在獄中，沒有爲公子糾自殺，他也不怪我不知羞恥，他知道我不拘小節，只會以功名不能彰顯於天下爲羞恥。所以，管仲說：「生我者父母，知我者鮑子也。」之後，大家就常用管仲和鮑叔牙的故事，來描寫知己朋友間的情誼。

最後，我們再來談談俞伯牙和鍾子期的故事。俞伯牙是春秋戰國時楚國的一位音樂家，很會彈琴，可是一直找不到眞正欣賞他的音樂的人。有一回，中秋的晚上，他乘船停在漢陽江口，拿出琴來彈奏時，彈了幾句，琴的一根弦斷了，俞伯牙說，琴弦斷了，表示有人在偷聽我彈琴。果然，發現了打柴的樵夫——鍾子期，潛身岸邊，聽他彈琴；伯牙請他上船，交談之下，他不但講出伯牙剛剛彈的曲子，還說出伯牙用的琴是伏羲氏用梧桐木造的琴，兩人越談越投機，伯牙將斷弦修好，爲鍾子期彈了一曲。伯牙心裡想的是高山，鍾子期聽了就說：「巍巍乎若泰山」；伯牙再彈一曲，心裡想的是流水，鍾子期聽了就說：「洋洋乎若江海」，也就是「高山流水」的典故。伯牙覺得鍾子期是眞正能欣賞他的琴音的人，兩個人約定隔年的中秋再相見。可是，到了隔年，伯牙去找鍾子期時，鍾子期已經過世了，伯牙便在鍾子期的墳前，割斷了琴弦，把琴摔得粉碎，表示沒有了知音，終生不會再彈琴了，這就是「俞伯牙摔琴謝知音」的故事。

岳飛有首詞〈小重山〉結尾兩句是：「欲將心事付瑤琴，知音少，弦斷有誰聽？」就是引用了伯牙摔琴斷弦的典故。

再談知己

在英國文豪莎士比亞的劇本名著《威尼斯商人》中，也有關於兩個好朋友的故事。

莎士比亞是十六世紀英國的一位詩人和劇作家，許多人都認爲他是英語文學有史以來最偉大的作家，和中國屈原、義大利但丁並列爲世界文化的巨人。莎士比亞的劇本，不但被翻譯成世界上每種主要文字，幾百年後的今天，根據原來的故事改編成的歌劇、音樂和舞蹈，或以傳統的形式、或以嶄新的詮釋不斷地上演。

話說在威尼斯城有兩個好朋友安東尼奧（Antonio）和巴沙尼歐（Bassanio）。安東尼奧把錢投資在三艘出海做生意的船，所以，一天到晚擔心船是否可以平安回來，心情因而憂鬱、沮喪的他說：

I hold the world as a stage where every man must play a part,
and mine a sad one.

世界是個舞台，每個人在這個舞台上都得扮演一個角色，
而我扮演的只是個悲慘的角色罷了。

莎士比亞在他另外一齣劇《As You Like It》，有人翻譯成《皆大喜歡》，也有人翻譯成《如願》，也講過同樣的話：

All the world's a stage,
And all the men and women merely players.
They have their exits and entrances,
And one man in his time plays many parts.
世界是個舞台，
男男女女都不過是演員而已，
他們上台又下台，
每個人都得扮演幾個不同的角色。

在中國的戲院裡，也有些有趣的對聯，例如「舞台小天地，天地大舞台」、「看戲不知演戲苦，上台容易下台難」。

安東尼奧講完，就輪到巴沙尼歐訴苦了。他說他把錢都花光了，還欠下一大筆債。不過，他倒有一個計畫，可以發筆大財。他還打了個譬喻，說自己小時候射箭，箭射出去找不到了，他會找支大小輕重一樣的箭，朝同樣的方向射出去，這樣兩支箭都可以找回來。這個譬喻也描寫了巴沙尼歐的賭徒性格，輸了一注再下注。那麼，他到底有什麼計畫呢？巴沙尼歐談起在貝爾蒙（Belmont）那個地方，有位既美麗又富有的女子叫作波西亞（Portia），很多人都在追求她，假如我能夠獲得她的青睞，人財兩得，那麼一切問題都可以解決。但是，巴沙尼歐需要三千塊錢當做路費和其他的費用。安東尼奧回答說：

All my fortune are at sea,
Neither I have money nor commodity.
我的財產全部都在海上，
我沒有現款也沒有商品貨物在手上。

不過，安東尼奧說：「我們去找人借這三千塊錢，我來爲你做擔保。這就是友情。」巴沙尼歐在威尼斯找到一位叫作夏洛克（Shylock）的猶太人，他靠借錢給別人，收取利息來營利。劇本裡，有很多地方明顯地說出對猶太人的歧視，在今天的社會裡，不應該存在、也不容許種族歧視，我們會跳過劇本裡一些比較尖銳的語言，我會引用夏洛克講的一些話，這道出了他的心聲。巴沙尼歐跟夏洛克說要借三千塊錢，三個月爲期歸還，並且由安東尼奧擔保，夏洛克覺得安東尼奧一直看不起他，不過，可以談談，巴沙尼歐說：「那麼我們一起吃頓飯吧！」夏洛克回答說：「免了！」

I will buy with you, sell with you, talk with you, walk with you,
but I will not eat with you, drink with you, nor pray with you.

我會和你做買賣，和你說話，和你一起同行，
但是，我不會跟你一起吃，一起喝，一起禱告。

這也寫出了夏洛克、安東尼奧和巴沙尼歐的關係。

夏洛克和安東尼奧見了面，夏洛克說：「你總是罵我貪財、好利，怎麼今天要來找我借錢了？」安東尼奧說：「以後我還是會照樣罵你，不過，你不要看成這筆錢是借給一個朋友，因爲借錢給朋友是不收利息的，你就把這筆錢看成借給一個外人，照收利息吧。」夏洛克說：「那我就不收任何利息，我唯一的條件，是三個月之內你不歸還這三千塊錢，就得讓我在你身上任何一個地方割下一磅的肉。」安東尼奧同意這個條件，巴沙尼歐很擔

心，怕害了自己的朋友，安東尼奧說：

Come on, in this there can be no dismay.
My ships can have a month before the day.

來吧！不用發愁，
我的船會在借款到期一個月前回航歸來。

劇本裡，藉著一個幫襯的角色問夏洛克，如果安東尼奧還不出三千塊錢，他的一磅肉有什麼用？夏洛克的回答是：「我可以用這磅肉來餵魚呀！用這磅肉來滿足我報復的心態。」但是，他接著說：「他們羞辱我、嘲笑我、諷刺我、蔑視我、妨礙我做生意、離間我的朋友、挑撥我的仇人，爲什麼？只因爲我是一個猶太人？猶太人沒有眼睛嗎？沒有五官四肢、感覺、鍾愛和熱情嗎？猶太人吃同樣的食物，生同樣的病，用同樣的方法治療，同樣在夏天覺得熱，在冬天覺得冷，你刺我一下，我不會流血嗎？你搔我的癢，我不會笑嗎？」這是莎士比亞幾百年以前的名句，到今天，這段話同樣發人深省。

巴沙尼歐在安東尼奧的保證下向夏洛克借了三千塊錢，前往貝爾蒙，向「財」貌雙全的波西亞求婚。巴沙尼歐的一個好朋友格拉西安諾（Gratiano）要巴沙尼歐帶他一起去，巴沙尼歐說：「好吧，不要太魯莽、太暴躁、太放肆，我就帶你去。」

講到這裡，我得打個岔，其實打岔的人不是我，是莎士比亞先生，在他的劇本裡，經常穿插三、四對情人的故事。夏洛克有個女兒潔西卡（Jessica），愛上了巴沙尼歐的朋友洛蘭鄒（Lorenzo）。某一天晚上，潔西卡偷偷地帶了她爸爸許多金銀財寶跟洛蘭鄒跑掉了。劇本裡有些很美麗的詩句，潔西卡跟洛蘭鄒說：

If thou keep promise,
I shall end this strife.
Become a Christian and thy loving wife.
只要你肯承諾，
我將不再猶豫，
成爲一個基督徒，做你的愛妻。

Love is blind and lovers cannot see.
The pretty follies that themselves commit.
愛情是盲目的，

情人看不見自己做的荒唐事。

當夏洛克發現女兒捲款私奔，他大發雷霆，那個時候，巴沙尼歐正好和安東尼奧說再見，帶著格拉西安諾到貝爾蒙。夏洛克要求威尼斯公爵下令，阻止巴沙尼歐的船起航，不過，已經太遲，而且她的女兒潔西卡也不在巴沙尼歐那艘船上。夏洛克更是把帳全算在安東尼奧身上，恨得牙癢癢的。當安東尼奧跟巴沙尼歐說再見時，巴沙尼歐說：「我會儘快回來。」但是，安東尼奧告訴他：「不要爲了我的緣故而潦草處理事情，不要把那張三千塊錢的借據放在你充滿愛情的心上。」說到這裡，他淚水盈眶，這就是眞正的友情。也許我們會想起柳永〈雨霖鈴〉裡的一句：「執手相看淚眼，竟無語凝噎。」

至於那位有錢又美麗的波西亞，她爸爸去世時留下三個箱子：一個金的、一個銀的、一個鉛的；其中一個箱子，有張波西亞的照片。追求波西亞的人，必須在三個箱子中選一個，假如他選到有波西亞照片的那個箱子，就可以娶波西亞爲妻了。第一個上場的是摩洛哥親王，他看到每個箱子上都寫著一句話，金的箱子上面寫著：「選我的人，會得到眾人都想要的東西。」銀的箱子上面寫著：「選我的人，會得到他應得的東西。」鉛的箱子上面寫著：「選我的人，得付出他的所有來冒一個險。」

摩洛哥親王想了半天，心想每個人都想贏得波西亞的芳心，因爲金的箱子上面那句話「選我的人，會得到眾人都想要的東西」，指的不正是波西亞嗎？所以，他就選了金的箱子，他把箱子打開，裡面有個骷髏頭，眼窟窿裡還有一個紙卷，上面寫的幾句話是：

All that glitters is not gold;
Often have you heard that told;
Many a man his life hath sold;
But my outside to behold.
發亮光的不見得是黃金，
這句話你該常常聽到。
很多人把性命丟掉，
都是因爲他看東西只看外表。

當然，摩洛哥親王並未中選。「發亮光的不見得是黃金」這句話，不也正是我們古文所說的「金玉其外，敗絮其中」嗎？第二個上場的是阿拉伯親王，當他看到那三個箱子時，他首先說：「我願意答應這個條件：第一、我永遠不會告訴別人我選的是哪一個箱子；第二、如果我沒選中，我終生不再向別人求婚；第三、如果我沒選中，我馬上就離開。」他考慮了一陣，心想鉛的箱子上面那句話「選我的人，得付出他的所有來冒一個險。」波西亞小姐，您還不夠美麗來讓我冒這個險；金的箱子上面那句話「選我的人，會得到眾人都想要的東西。」這裡的「眾人」就是那些愚笨的大眾，我還是選銀的箱子吧！阿拉伯親王打開銀的箱子，看到裡面有一個瞇著眼的傻瓜的畫像，旁邊還有幾句話：

The fire seven times tried this.
Seven times tried that judgement is.
這個箱子經過七次火煉，
判斷的能力也得經得起七次的考驗。

阿拉伯親王心想這個銀的箱子上面的這句話「選我的人，得到他該得的東西」。難道我就是一個傻瓜，該得到的就是一個傻瓜的畫像嗎？

With one fool's head I came to woo.
But I go away with two.
我帶著一個傻瓜的腦袋來求婚，
卻帶著兩個傻瓜的腦袋離開。

這個時候，隨身服侍波西亞的婢女拿利薩（Nerissa）說：「砍頭和娶老婆都是命中注定的。」巴沙尼歐帶著格拉西安諾來到波西亞和拿利薩面前，波西亞跟巴沙尼歐說：「你慢慢選吧！花上一天、兩天、一個月、兩個月，好好在這裡陪陪我，然後再做選擇吧！」但是，巴沙尼歐不願意再等，這個時候，歌聲突然響起：

Tell me where is fancy bred.
Or in the heart or in the head?
告訴我愛情在什麼地方滋長？
在心裡或是在腦袋呢？

有人說，莎士比亞在這裡又玩了一次文字遊戲：

Tell me where is fancy bred.
Or in the heart or in the head?

「bred」、「head」這兩個字，和「lead」鉛這個字同音，也就是暗示巴沙尼歐該選擇鉛的箱子。巴沙尼歐選了鉛的箱子，他說：

Thy paleness moves me more than eloquence.
And here choose I; joy be the consequence.

你樸實的外表遠勝於花言巧語，
我做這個選擇希望會得到快樂的結果。

他打開鉛的箱子，裡面果然是有波西亞的畫像，紙條上也有幾句話：

Since this fortune falls to you,
Be content and seek no new.

當好運降臨你身上，
你應該心滿意足別無他求。

Turn you where your lady is,
And claim her with a loving kiss.

轉身面向情人，

和她一吻共締良緣。

波西亞跟巴沙尼歐說：「我的房子、僕人和我自己都是屬於你的了，同時連同這一切，我送給你這個戒指，假如有一天你把戒指遺失或者送給別人，那就是代表我們之間愛情的結束。」巴沙尼歐說：「我會把這個戒指戴在我的手指上，至死不會脫下來。」

這時，跟著巴沙尼歐來貝爾蒙的格拉西安諾開口說話了，他說他和波西亞的隨身婢女拿利薩也決定了互許終身，希望巴沙尼歐和波西亞結婚時，他和拿利薩也可以結婚。同樣，拿利薩也送給格拉西安諾一個戒指，要他答應永遠不會把戒指脫下來。

這時，夏洛克的女兒潔西卡和她的男朋友洛蘭鄒也同時出現，歡樂收場。

當大家很開心的時候，安東尼奧送來一封信給巴沙尼歐，巴沙尼歐看信之後臉色都變了，波西亞問他是怎麼一回事？巴沙尼歐回答說：「當我告訴你，我一無所有時，我應該告訴你，其實我比一無所有還要糟。因爲，我請求我的一位好朋友向他唯一的敵人爲我借了一筆錢，這封信就像我朋友的身體，這封信裡每一個字就像一個裂開的傷口，淌著鮮血。我朋友的船全部沉了，沒有一艘倖免。他爲我借的錢逾期不還，不管別人如何勸說，那個債主都堅持要按照合約來處理。」安東尼奧信上還說：「我知道爲了履行合約裡的條件，我是活不了的了，假如，在我死之前，能夠見你一面，我們之間就再也沒有任何的債務。不過，如果你的愛人不讓你來，也不要因爲我的信讓你感到爲難。」波西亞說：「我給你的足夠還他三千塊錢的二十倍的金子，我們不能讓這種朋友爲了你損傷他一根毫毛。」她接著說：「讓我們先到教堂完成結婚手續，然後，你趕快回到威尼斯你朋友的身邊。」

巴沙尼歐帶著格拉西安諾離開貝爾蒙之後，波西亞跟拿利薩說：「趕快讓我們扮成男裝去看我們的丈夫。」

威尼斯的法庭，威尼斯的公爵開庭了。安東尼奧上庭來，接著，夏洛克也上庭了，雖然威尼斯公爵婉轉地勸夏洛克不要堅持要安東尼奧的一磅肉。夏洛克說：「我就是不肯、也不必解釋爲什麼，就像我家裡鬧老鼠，我願意花一萬塊這麼一大筆錢來把老鼠清除掉，我也不必解釋爲什麼。」巴沙尼歐問：「難道只要是你不喜歡的東西，你就會無緣無故把它殺掉嗎？」夏洛克反問：「那爲什麼你會無緣無故憎恨一個人呢？」巴沙尼歐說：「原來借的是三千塊，我現在還你六千塊。」夏洛克說：「即使是三萬六千塊我也不要。」威尼斯公爵問夏洛克：「假如，你沒有慈悲惻隱之心，你怎麼希望有一天別人會對你慈悲呢？」夏洛克說：「我要的這磅肉是我花錢買來的，我非要不可。」

這個時候，威尼斯公爵從外地請來的一位年輕的法學博士和他的助理來到法庭。巴沙尼歐安慰安東尼奧說：「你放心吧！夏洛克可以拿我的血、肉、骨頭和一切，我也不能讓你為我流一滴血。」安東尼奧說：「就讓我來死吧！」

在這裡，莎士比亞很巧妙地留下兩個伏筆，一個是「mercy」（慈悲）這個字；一個是「one drop of blood」（一滴血）這個詞。

年輕的法學博士先詢問夏洛克：「你是夏洛克嗎？」夏洛克答：「是的。」他再問安東尼奧：「你承認這份合約嗎？」安東尼奧答稱：「是的。」法學博士說：「那我們得希望夏洛克能夠有慈悲惻隱之心。」夏洛克回應說：「為什麼我得被逼這樣做？」這一段話，可以說是莎士比亞在《威尼斯商人》這齣劇裡最有名的一段話。法學博士說：

The quality of mercy is not strain'd,
It droppeth as the gentle rain from heaven,
Upon the place beneath: it is twice blest,
It blesseth him that gives and him that takes:

'Tis mightiest in the mightiest: it becomes,
The throned monarch better than his crown;
His sceptre shows the force of temporal power,
The attribute to awe and majesty,
Wherein doth sit the dread and fear of kings;
But mercy is above this sceptred sway;
It is enthroned in the hearts of kings,
It is an attribute to God himself;
And earthly power doth then show likest God's.
When mercy seasons justice. Therefore, Jew,
Though justice be thy plea, consider this,
That, in the course of justice, none of us,
Should see salvation: we do pray for mercy;
And that same prayer doth teach us all to render
The deeds of mercy.

慈悲是不可以強求的，

它像是從天而降輕柔細雨，
把雙重的恩賜帶來塵世，
它賜福給付出的人，也賜福給接受的人，
它是最有權力的人手中最大的權力，
它比皇冠更能代表坐在寶座上的帝王，
權杖不過是帝王一時的權力的象徵，
不過只能讓人產生一份尊敬和畏懼的感覺，
但是，慈悲超過了權杖所代表的權力，
它坐在帝王心中的寶座上，
它彰顯的是上帝的旨意，
當公平正義得到慈悲的滋潤，
地上的帝王的權力才會和天上的上帝的權力接近，
當你要求公平正義的時候，
請你記得公平正義不足以讓我們得救，
我們要祈求的是慈悲，
因爲慈悲帶領我們走向仁慈善良的路。

法學博士接著說：「我講這些話，是要勸你不要只是堅持公平正義，假如你還是要堅持的話，法庭也只好按照法令判罰那個商人。」巴沙尼歐向法學博士求情，請他「Do a great right, do a little wrong.」這句話有兩個可能的翻譯，一個是「爲了大是大非，犯個小錯」，一個「是爲大義，不拘小節」，這又是莎士比亞玩的一個文字遊戲，「right」在英文既有「對」的意思，也有「正義」的意思。

法學博士說：「不行，我們必須依法行事。」夏洛克大聲高呼：「您眞是一位聰明睿智的法官。」法學博士說：「讓我們小心看看這份契約。」夏洛克說：「好的。」法學博士說：「他們願意還給你三倍借款的金額。」夏洛克說：「我已經向上天發誓，話收不回來了。」法學博士說：「那麼看刀吧！不過，等一下，我們還得找一個天平，來秤一下割下來那塊肉。」夏洛克說：「天平我也準備好了。」安東尼奧跟巴沙尼歐說：「讓我握你的手說再見吧！替我問候你的妻子。」巴沙尼歐說：「我娶了一位好妻子，我珍愛她如同珍愛我自己的生命一樣，但是我的生命、我的妻子以及整個世界，都比不上你的生命的寶貴，我願意失去這一切，犧牲這一切，換取你的生命。」在一旁的法學博士說：「假如，你的妻子在你身旁聽到這一番話，恐怕難免有點失落灰心吧！」格拉西安諾也開口說話了：「我也有一位我最愛的妻子，我希望能夠上天堂，找一位天神來改造這種狼心狗肺的人。」法學博士的助手說：「這只是你在你妻子背後說的話，否則你家會變得雞犬不寧。」聰明的讀者恐怕已經知道這位法學博士和他的助手是誰了吧？

在法庭上，年輕的法學博士跟夏洛克說：「你從他胸口割一磅肉。」夏洛克說：「這才眞是聰明睿智的法官啊！」法學博士說：「等一下，合約上說給你一磅肉，但是，沒有說給你一滴血，如果，你割下他的一磅肉，讓他流一滴血，你的土地、財產要全部被充公。」這時，輪到格拉西安諾說：「這才眞是聰明睿智的法官啊！」夏洛克說：「那我接受三倍的借款好了。」巴沙尼歐趕快說：「錢在這裡！」法學博士說：「等一下，他已經拒絕過接受還款，他只須按照合約行事。威尼斯法律裡有一條文，如果一個外國人蓄意謀害一個威尼斯公民，這個人要被判死刑；而且，他一半的財產被充公，另外一半財產交給他蓄意謀害的對象。」

不過，威尼斯公爵赦免了夏洛克的死刑，安東尼奧答應保管夏洛克的一半財產，等夏洛克過世的時候，把這些財產交給夏洛克的女兒和女婿，也要夏洛克答應他自己保有一半的財產，在他過世的時候，也要遺留給他的女兒和女婿，夏洛克全部接受了。

威尼斯公爵離開法庭以後，巴沙尼歐跟那位年輕的法學博士說：「我和我的朋友，今天全靠您的智慧而免受嚴峻的懲罰，讓我把這本來還給夏洛克的三千塊錢送給您作爲報答吧！」安東尼奧說：「我要表達的是感激、敬愛和報恩。」法學博士回答說：「滿足就是最好的報酬，我救了你，我覺得滿足，那我就認爲我得到很好的報酬了。我只希望我們再見面的時候，你們還認得我。」「認得我」這又是一個暗示。

巴沙尼歐說：「那麼，我要請求您拿兩件紀念品，作爲薄禮。」法學博士說：「好吧。」她跟安東尼奧說：「請您把您的手套送給我。」又跟巴沙尼歐說：「請您把您的戒指送給我。」巴沙尼歐說：「這個戒指太不值錢了，我實在不好意思把它送給您。」法學博士說：「我就是想要這個戒指，而且越想就越要這個戒指。」巴沙尼歐說：「這是我妻子給我的戒指，我曾經在他面前發誓永遠不會把這個戒指賣掉、丟掉或者送給別人。」法學博士說：「哈！哈！這就是許多男人把禮物省下來的藉口，再見吧！」

法學博士走了以後，安東尼奧跟巴沙尼歐說：「把戒指給她吧！他的功勞和我跟你的友情，應該比你老婆的命令更重要吧！」巴沙尼歐就吩咐格拉西安諾追上去把戒指交給法學博士，當格拉西安諾追上他們的時候，法學博士年輕的助手，也把格拉西安諾的妻子送給他的戒指要過來了。當然，現在諸位都知道，這位法學博士就是波西亞－巴沙尼歐的妻子，他的助手就是拿利薩－格拉西安諾的妻子。

波西亞和拿利薩快馬加鞭趕在他們丈夫之前回到貝爾蒙的家。不久，巴沙尼歐、安東尼奧、格拉西安諾也回來了。波西亞向安東尼奧表達歡迎之意。可是，拿利薩和格拉西安諾吵起來了，原來拿利薩發現格拉西安諾把她送給他的戒指送給別人了，格拉西安諾也坦承是送給了那位法學博士的助手，這就是劇本裡烘托的手法，先讓拿利薩和格拉西安諾為了戒指吵起來。

格拉西安諾說：「那不過是一個不值錢的金圈子。」拿利薩說：「當我把戒指送給你的時候，你發誓你會戴著這個戒指一直到死，死後還要帶到墳墓裡，現在你說把戒指送給了法學博士的助手，我看這個助手臉上連鬍子都沒有。」格拉西安諾：「他長大了，臉上就自然有鬍子了。」拿利薩：「那除非女人會變成男人。」格拉西安諾說：「我發誓我把這個戒指給了一個高矮和你差不多的年輕人，他很會胡扯瞎說，他苦苦哀求，我實在沒有辦法拒絕他。」諸位，當你已經知道這位法學博士的助手就是拿利薩的時候，這段對話實在會讓你發出會心的微笑吧！

這個時候，波西亞開口責備格拉西安諾，她說：「格拉西安諾你實在該死，你怎能夠把你妻子送給你的第一件禮物，那麼輕易地轉送給別人呢？我也送了一個戒指給我的丈夫，讓他發誓永遠不會讓這個戒指離開他，你看，他站在這裡，我敢保證，他沒有讓這個戒指離開他，即使爲了全世界的財富，他也不會讓這個戒指離開他。」格拉西安諾說：「巴沙尼歐早就把你送給他的戒指送給了那位法學博士了。」波西亞生氣了。

巴沙尼歐辯護說：

If you did know to whom I gave the ring.
If you did know for whom I gave the ring.
And would conceive for what I gave the ring.
And how unwillingly I left the ring,
假如你知道我給了誰那戒指，
假如你知道爲了誰我給那戒指，
也能了解爲什麼我給那戒指，
而且我是多麼不願意給那戒指，
加上他們什麼都不要，只要那戒指，那你就不會這麼生氣了。

波西亞回答說：

If you had know the virtue of the ring,
Or half her worthiness that gave the ring,

Or your own honor to contain the ring,
You would not then have parted with the ring.
假如你知道這是代表純潔的戒指，
假如你知道這是身價多高的一個人送給你的戒指，
假如你記得你承諾永遠保存這戒指，
你就不會送出這戒指。

波西亞接著說：「我相信你一定把戒指送給別個女人了！」巴沙尼歐辯稱：「我不是把戒指送給別的女人，我是把戒指送給了那位救了我的好朋友一命的法學博士，他不斷地求我要我將戒指送給他，我相信假如當天你也在場，你也會求我把戒指送給他。」波西亞回答說：「千萬不要讓這位法學博士走近我家，因爲既然你那麼大方，我也會跟你一樣大方，甚至當你不在家時，讓他跟我同睡一床。」拿利薩也插嘴：「我也讓法學博士的助手跟我同睡一床。」

當然，最後眞相大白，皆大歡喜。格拉西安諾說：「假如是天亮，我倒希望那是夜裡，好讓我擁著博士的助手同眠。」這正是春宵苦短的意思。這齣戲背後的含義和教訓，文字的優雅和美麗，希望各位能喜歡。當巴沙尼歐要酬謝那位年輕的法學博士時，法學博士說：「滿足就是最好的報酬。」

3

看未來

你，就是風雲人物

通訊和資訊科技的發展，
讓大腦和大腦間的連接演化成多對多，
距離縮短到一分鐘、一秒鐘。

從一九二七年開始，美國《時代雜誌》（Time Magazine）每年年末都會選出一人作爲當年的風雲人物。不管是好人、壞人，做過好事、還是壞事，因爲他在過去一年對整個世界有很大的影響，就封他爲「年度風雲人物」（Man of The Year）。後來，「Men of The Year」這個詞還特意改成「Person of The Year」，免除性別上的限制，也由一個人推廣爲幾個人，或者一個族群，甚至一個地方。

很多人都還記得，二〇〇六年的風雲人物是「你」，也就是除了自己之外的每個人。所以你是我的你，我也是你的你。今天我想談談，爲什麼「你」會成爲當年影響力最大的風雲人物。在此之前，我們可以看看，過去有些什麼人被選上年度風雲人物。

一九二七年，第一個被選爲年度風雲人物的是美國飛行員林白（Charles Lindbergh），他成功創造了從紐約不停而直飛巴黎的紀錄，贏得兩萬五千美元獎金。自此，林白在航空、軍事、政治，甚至醫學上都有不少影響，他寫的自傳還在一九五四年得到普立茲文學獎。

不意外地，很多風雲人物都是政治圈的，特別是美國的總統。英國的首相邱吉爾在一九四九年被選為半世紀的風雲人物，蔣介石和宋美齡是第一對當選的夫婦，鄧小平當選了兩次。在政治人物中也有極具爭議性、甚至被看成罪大惡極的人曾經當選。原則上，這是個選擇，並不是一個獎，原本用意就只在於指出一個人對世界正面、或者負面的影響而已，不過，有時也可以看出《時代雜誌》多少刻意避開了可能有爭議性的選擇。二〇〇一的年度風雲人物是紐約市長朱利安尼，一個說法是賓拉登也是可能的人選。

改變世界的力量

一九六〇年，科學家愛因斯坦是二十世紀的世紀風雲人物，也有傳言說另一個可能的人選是希特勒；一九六八年，美國三位第一次飛行環繞月球，但是沒有在月球著陸的太空人當選；一九九六年，研究愛滋病療法的華裔醫學專家何大一是風雲人物；二〇〇五年，風雲人物是微軟的比爾蓋茲、他的夫人瑪蓮和愛爾蘭的搖滾樂手波諾（Bono），因為他們的人道關懷，特別是對非洲愛滋病患者的關懷。比爾蓋茲夫婦的慈善基金總數是三百億美元，在他們的基金會網站上，開宗明義地說：「我們深信每個生命都有相同的價值，所以，我們要減低世界上的不平等和差異，增進生活和生命的品質。」

一九八二年，「電腦」當選爲年度風雲人物，這是首度不是由眞人當選；一九九九年，由成立亞馬遜網路書店的貝佐斯（Jeffrey Bezos）當選；二〇〇六年，當選爲年度風雲人物的是「你」，雖然這是個選擇而不是獎項，但還是讓我們跟自己說：「恭喜！恭喜！」

一位蘇格蘭的歷史學家、哲學家卡萊爾（Thomas Carlyle）曾說：「世界歷史，不過是少數幾個重要偉人的傳記而已。」意思是，全世界全人類的生活、福祉、命運，掌握在少數幾個有權力的人手上，完全由他們來決定。其實，《時代雜誌》每年風雲人物的選舉，也都反映了這個觀點和看法。

直到二〇〇六年，大家發現這個觀點和看法並不全然如此。不可否認地，少數元首、宗教領袖、科學家、工程師、醫師、慈善家……，對一個國家、一個地區、甚或全世界都有很大的影響。但是，我們也看到、感覺到、體會到，甚至直接參與，上百萬、上千萬無名的小市民如何互動、溝通、合作，擴大自己的視野，改變生活方式，發掘連自己也不知道的才能，結合成爲一股龐大力量，進而改變這個世界，推動以前不敢想像會有能力去推動的改革，改變全人類的未來。

改變的原動力來自哪裡？簡單地說，來自電腦網路（internet）和全球資訊網（World Wide Web）的發明。其實，這是個表面性的回答，改變的原動力不只來自電腦和電腦間的連接，而是透過電腦間的連接大大提升了人類大腦和大腦間的連接。

遠在一九六五年，我們已經開發了網路的硬體和軟體，把電腦連接起來；第一個層次是把數據（data）相連起來，第二個層次是把資訊（information）連接起來，第三個層次則是把內容（contents）連接起來，第四個層次是把思想和理念（thoughts）連起來。這就是以電腦和電腦的連接為技術，以大腦和大腦的連接為目的，把人類的思想和理念連接起來。

從一對一到多對多

連接人類大腦的，當然不是始於十五或五十年前，而是在人類歷史的開端，就開始的目標和使命。有本書叫作《人類歷史上最有影響力的一百個人》，書中列出的前十名包括：耶穌、穆罕默德、釋迦牟尼、孔子、聖保羅（在聖經新約全書裡對基督教教義的闡述有很大的貢獻）、科學家牛頓、發明造紙的蔡倫（東漢時代約兩千年前）、一四五〇年發明活字版的德國人顧登堡（這個說法是有爭議性的，在宋朝慶曆年間，也就是一〇四一年，畢昇已提出了活字版的觀念）。從這個名單，我們可以看到，在歷史上最有影響力的人，就是把宗教、哲學、科學、文學的理念和內容，灌輸到世界上每個人大腦裡的人。其次，才是建立傳輸管道的人，紙、印刷術、郵政、電話、無線電、電視、網路、行動電話、全球資訊網的發明，都是一脈相承，透過不同的科技層面，把人類的大腦連結起來。

佛里曼在《世界是平的》一書中就提到，這個世界變小了，讓大家有更多分工合作的機會，也有更公平競爭的機會。我把佛里曼列爲將世界推平的十個原動力，再做一個擴充，分類成五股原動力：一是教育的普及，特別是高等教育的全球文化；二是一個或者少數幾個共同的語言，目前英文占著最重要的地位，也許有一天，中文會變得同樣重要；三是海、陸、空運輸交通工具的發展；四是通訊科技的發展，包括有線、無線、衛星通訊等通訊技術；五是資訊科技的發展，包括積體電路、電腦、網路、全球資訊網等等。

除了教育的普及和發展，既可以看成思想和理念的發展，也可以看成建立思想和理念溝通的共同平台之外，其他四股力量都可說是傳輸的管道，在身體上把人和人連接起來；在精神上、思想理念上，把人類的大腦和大腦連接起來。這五股力量是從二十世紀後半段才開始突飛猛進，然而當我們回過頭去看，這跟一千多年前的紙、五百多年前的活字版發明，都是一脈相承的。

電腦已有六十年的歷史，網路有四十年的歷史，全球資訊網也有十五年的歷史，爲什麼直到二〇〇六年，「你」才成爲對全世界有重要影響力的年度風雲人物呢？

從幾千年前開始，人類大腦和大腦間，起初是一對一的連接，接著演變爲一對多的連接。透過書本、無線電、電視、電影、錄音、錄影這些媒介，少數宗教、哲學、科學、文學的領導人物，可以超越時間和空間，把自己的思想和理念傳遞給一般人，將他們的大腦和一般人的相連起來。不同的連接技術，只不過有效率、速度上的差別而已。

人人都能分享、參與

一對一也好，一對多也罷，很多情形下，連接是單向的，是由上而下的。我們閱讀偉大的哲學家、文學家的書，聆聽政治人物的演講，看大導演製作、大明星演的電影，聽歌神天后唱的歌，聽名嘴的時事評論……，的確回應了哲學家卡萊爾的話：「世界歷史，不過是少數若干個重要偉人的傳記而已。」我們更可以模仿他的話：「傳遍世界各處的理念和思想，只不過是少數若干重要的宗教、哲學、政治、學術巨人的思想和理念而已。」

到了二十一世紀，我們發現通訊和資訊科技的發展，讓大腦和大腦間的連接從一對一、一對多，演化成爲多對多，且由單向轉爲雙向、多向的連接，讓大家手上的數據、資訊、內容、思想理念，都可以一起分享、一起參與、一起貢獻。而且，這種分享、參與、貢獻，在多數情形下是免費的，不需付出代價的。當噴射機把地球縮小，兩點間最大的距離是十二小時；高鐵把整個台灣變成一日生活圈，把人和人間的距離大大縮小；通訊和資訊科技，則把人和人間的大腦距離縮短到一分鐘、一秒鐘。

難怪《時代雜誌》會把「你」當做二〇〇六年度風雲人物。

一腳踢女傭

資訊的傳遞事關重大，
效率、可靠、保密缺一不可。

近五十年來，電腦科技和通訊科技以驚人的速度發展進步，今天我們可以將不同的大量的資料，迅速的從任何一個地方傳送到另一個地方。當我們講不同的資料，包括數字、文字、聲音、圖片和動畫；當我們講大量的資料，包括幾十萬頁的文件、幾十萬首歌、幾十萬張照片，還有上千小時的動畫；當我們講迅速，那是指一秒鐘、幾秒鐘；當我們講任何一個地方，那不但包括地球上任何一個角落，也包括月球、火星、太空。

當我們要傳遞一項訊息的時候，我們要選用適當的規則方法和格式，來代表和呈現這項訊息，然後按照這個代表呈現的方法把訊息傳出去。大家都知道，一項訊息可以用一連串的「0」和「1」來代表，但是同一項訊息，可以選擇不同的連串的「0」和「1」，到底該如何選擇呢？那就是所謂「編碼」（encoding）的問題。一連串的「0」和「1」，叫作一個碼，編碼就是選擇不同的碼來代表不同的訊息。很明顯的，這中間有很大的選擇空間，站在技術的觀點來看，有三個重要的考量。第一是效率（efficiency），就是在選擇碼的時候，以簡短爲原則，因爲這樣可以讓我們在最短的時間之內把訊息傳遞過去。第二是可靠（reliability），就是在選擇碼的時候，希望即使在傳遞的過程中有若干傳遞上的錯誤，接收的對方還是可以正確的知道要傳遞的訊息是什麼。第三是保密（security），就是選擇碼的時候，希望在傳遞的過程中，即使第三者能夠竊聽到傳遞的碼，也沒辦法從中知道要傳遞的訊息是什麼。

效率、可靠、保密

讓我們用簡單的語言文字爲例：例如我們送一個簡訊給一位朋友：「明天八點，火車站，早餐」，這是以效率爲考量的一個簡訊。簡訊中說早餐，沒有說「吃早餐」，因爲我們不是從事服務行業，不會是送早餐、賣早餐；我們說八點，沒有說是早上還是晚上，但是因爲簡訊中有「早餐」二字，就知道是早上了；我們說火車站，因爲我們的朋友住在台北，八點在新竹吃早餐，他肯定趕不上，所以就知道是在台北了；台北火車站只有兩三個可以吃早餐的地方，到那邊一看，很容易就確定在那個餐館會面了。當然我們也可以送一個簡訊「明天，五月十八日，星期四，早上八點正，台北火車北門麥當勞吃早餐」，那就是以可靠爲考量的一個短訊，因爲即使這個簡訊部分的幾個字沒有很清楚，我們的朋友還是會知道在什麼時間、什麼地點、做什麼。我們還可以送另外一個短訊：「明天，在跟上次一樣的地點，比上次提早半小時，見面」，那就是以保密爲考量的一個短訊了。顯然竊聽的第三者不會知道我們會在什麼時間、什麼地方、做什麼。

這個例子，還可以變化一下，如果我用電腦來輸入要傳遞的訊息，因爲我的英文打字比較快，我會送「Tomorrow, 8 o'clock, Train Station, Breakfast」，那是以效率爲考量；如果我們用中文說一遍，再用英文說一遍，那是以可靠爲考量；如果，懂得英文的人很多，懂得日文的人比較少，我們說「asida, hachi ji, eki, asagohan」，那就是以保密爲原則了。假如要賣弄一下法文也可以。

談到這裡，大家會恍然大悟，我們不必等到在電腦科技和通訊科技發達，這些原則從幾百年、幾千年開始，當我們用文字語言來表達一項訊息時，效率、可靠、保密就是三個重要的考量。首先，讓我們先從有趣的文字語言的觀點開始談起。

從效率的觀點來看，有人說文言文比較簡潔，例如一封電報裡的四個字：「母病速歸」就等於「母親生病了趕快回家」。當然我們都知道，今天最流行的火星文，源自爲了在手機、電腦上傳送訊息的簡短方便，「3Q」就是「Thank you」；「AV8D」是

「everybody」；「246」就是「餓死了」；「pmpmp」就是「拚命拍馬屁」；「我很可愛」就是「我很可憐，沒有人愛」。有一天，我在香港的報紙上看到一個小廣告：「Maid, One Foot Kick」，翻成中文「Maid」就是女傭，「One Foot Kick」就是一腳踢，令人看了一頭霧水，以爲你要踢你的傭人一腳，但是香港人看了就一目瞭然，「一腳踢的傭人」就是所有的家事，買菜、做飯、洗衣服、打掃全部都要負責。

從可靠的觀點來看，我們有時說「謝謝」，大多會說「謝謝」，也常常一連串的說：「謝謝，謝謝。」那是怕主人沒聽清楚。「慢慢吃」、「快快走」比「慢吃」、「快走」更可靠。李清照有名的一首詞，一開始七個疊字：「尋尋覓覓，冷冷清清，悽悽慘慘戚戚」，就是不要讓讀者誤解了她的心情。「如花似玉」是描寫一位漂亮的女子；「做牛做馬」就是很辛苦地工作；「赴湯蹈火」就是歷盡危險和困難，都是遵守了用重複來可靠地表達一項訊息的原則。

隱喻的藝術

至於保密呢？那可以講的就多了。當我們要傳遞一項訊息、表達一個理念，但是都不明白地講出來，而用不同的方式把要傳遞的訊息隱藏起來，只有和你有默契的人、或者是很聰明的人，才會知道你真的在講什麼，這就是所謂「隱語」、「藏詞」，就是隱藏曖昧的說法。「隱語」、「藏詞」最明顯的例子，就是謎語，「謎」這一個字按照《文心雕龍》的解釋，就是把文字詞句顚倒反覆，讓你昏頭轉向。

讓我舉幾個和數字有關的謎語例子：「一」字，猜一句俗語，那就是「接二連三」；「七被二除」猜一句俗語，那就是「不三不四」；「四」字猜一句俗語，那就是「欲罷不能」，因爲「罷」字少了「能」字就是「四」字；同樣的謎面：「四」字，猜一句唐詩，答案是〈長恨歌〉裡的一句：「山在虛無縹緲間」。爲什麼呢？讓大家想一想。在西方希臘神話裡最古老也有名的謎語，來自人面獅身的女神（Sphinx）。這個謎語是：「什麼動物早上有四條腿，中午有兩條腿，晚上有三條腿？」答案是：「人」。

許多人都聽過《三國演義》裡楊修的故事，楊修是曹操手下主管文書的幕僚，他聰明過人，卻恃才傲物，有一次曹操派人大興土木，整修丞相府，完工之後，曹操來看了，一句話不講，只在大門上寫了一個：「活」字，別人都不知道曹操的意思，楊修說：「在『門』字裡寫一個『活』字，就是『闊』字，丞相是嫌大門開得太闊了。」工人趕快將大門重新建造。

有一次曹操和楊修外出，路過一個有名的曹娥碑，看見碑的後面有人題了八個字：「黃絹幼婦，外孫齏臼」，曹操問楊修：「你知道這八個字，『黃絹幼婦，外孫齏臼』的意思嗎？」楊修說：「我知道。」曹操說：「你不要講，讓我來想。」走了三十里之後，曹操說：「我想到了，你說出答案，看看是否跟我想的一樣？」楊修說：「黃絹，黃是顏色，絹是用絲做成的，有顏色的絲就是『糸』字旁一個『色』字，所以『黃絹』隱藏了『絕』字。幼婦，年輕的婦人，就是少女，『女』字旁一個『少』字，所以『幼婦』隱藏了『妙』字。外孫是女兒的兒子，『女』字旁一個『子』字，所以『外孫』隱藏了『好』字。齏臼是用來舂碎香料或者食品的器具，香料就是辛，放置東西的器具就是受，『受』字旁一個『辛』字，是古字，現代版是『辭』。所以『黃絹幼婦外孫齏臼』，就是隱藏了『絕妙好辭』四個字。」曹操說：「我的才智不及你，和你距離整整三十里。」

「隱語」、「藏詞」的另外一個例子，就是譬喻。我們不把要講的話明講出來，只講一個意義相同的事物，大家就明白了。台語裡的「呷緊弄破碗」，在國語裡的「揠苗助長」，都是說做事太急，反而把事情做壞、搞砸了。台語裡的「摸蜆仔兼洗褲」，在英語裡的：「To kill two birds with one stone.」都是說「一舉兩得」。台語裡的「草蜢弄雞公」，國語裡的「貓捋虎鬚」，都是弱者去挑釁強者，不知死活的意思。「魚與熊掌不可兼得」，在英文裡就說：「You can't have your cake and eat it.」，你不能要有蛋糕又要吃蛋糕。

前面故事裡的楊修，後來被曹操砍頭。曹操帶兵和劉備手下的大將馬超對敵，久戰無功，想要退兵，又怕被人恥笑，猶豫不決，進退兩難。一天晚上，一位將軍來問當天晚上的夜間口令，在古代行軍的時候，晚上看人看得不清楚，爲了怕敵我不分，所以每天都有一個新的夜間口令，答得出來的才是自己人。當時曹操剛吃完晚飯，看碗裡的一塊雞肋骨，他說：「夜間的口令就是雞肋吧！」當這位將軍將夜間的口令傳出來的時候，楊修說：「丞相要撤兵了，我們開始收拾行李吧。」別人問爲什麼？他說：「雞肋這塊骨頭，食之無味，棄之可惜，表達了丞相雖然捨不得，卻要退兵放棄漢中這個地方的心意。」當天晚上曹操聽到這個消息，以「擾亂軍心」的罪名把楊修砍頭了。事實上，過了不久，曹操果真自漢中退兵了。

中文特有的歇後語

從一句話的譬喻，可以引申到用一個故事來做譬喻，在中國歷史上，少孺子用「螳螂捕蟬，黃雀在後」這個故事，說出你用強力去欺負別人，會有更強的人等在後面伺機欺負你。伊索寓言裡，有龜兔競走的故事，說明雖然能力不如別人，堅定和努力還是會贏得勝利的。在聖經裡，有一百隻羊，雖然只有一隻羊迷失了，牧羊人還是要把它找回來，說明了每一個人都是同樣的重要，不會放棄任何一個渺小的個人。

「隱語」、「藏詞」的第三個例子是歇後語。歇後語跟譬喻稍稍不同，歇後語通常有兩部分，前半部是前提爲引導，後半部是說明要表達的重點，但是不需要把後半部說出，而且在歇後語裡，我們常常用同音字來玩文字的遊戲，在英文裡，歇後語叫作「Oracular words」，但是英文中的歇後語比較少，甚至有人說歇後語是中文的一個特色，一個主要的原因是中文字是單音字，所以同音字很多。我給大家舉幾個常遇到的例子：「和尚打傘」——無法無天；這裡用了「頭髮」的「髮」和「法令」的「法」是同音的一個轉折。「老公搧扇子」那就是凄（妻）涼；「美國西裝」就是大輸（閩南語）；都是玩同音字的遊戲。

下篇文章，讓我們回到正題，談談在電腦科技和通訊科技裡怎樣運用「0」和「1」來編碼，以滿足效率、可靠、保密的原則。

我愛秋香

站在效率的觀點，
我們要採取一套規則和方法，
以便盡量壓縮要傳遞的資料。

隨著電腦科技、通訊科技的發展，當我們要傳遞資料時，必須選用適當的規則方法和格式，來代表並呈現這些資料，然後據此將資料傳出去。在電腦裡，任何資料都可以用一連串的「0」和「1」來代表，但不同的資料如何選擇不同的「0」和「1」，就是所謂編碼的問題。

編碼有三個重要的技術考量。第一是效率，就是在選碼時，以簡短爲原則，讓我們在最短時間內，將資料傳遞過去；第二是可靠，就是在選碼時，即使傳遞過程中發生一些錯誤，也不會影響接收資料的正確性；第三是保密，就是在選碼時即使有第三者竊聽到傳遞碼，也無法知道傳遞碼代表的眞正資料是什麼。

接著，讓我們從技術觀點，來談編碼的問題。

編碼的第一個考量是效率。以英文二十六個字母爲例，每個英文字母，都可以用一連串的「0」和「1」來代表。如果只用四個「0」和「1」是不夠的，因爲只會有十六個不同的排列，例如「0000」、「0001」、「0010」、「0011」……等，所以，單純以效率的觀點來看，我們會用一連串的五個「0」和「1」來代表英文的二十六個字母。

資料的壓縮與還原

有人會問，難道沒有進步空間了嗎？請聽我詳細道來。如果我們用五個「0」和「1」來代表一個英文字母，一封內容有一千個英文字母的信，就得用五千個「0」和「1」。按照統計結果，英文文件中最常出現的字母是E、T、A、O、I等字母，最不常出現的是J、X、Q、Z等字母。假如我們用比較少的「0」和「1」代表最常出現的字母，例如一連串三個或者四個「0」和「1」；用比較多的「0」和「1」代表不常出現的字母，例如一連串七個或八個「0」和「1」；那麼平均下來，也許我們就賺到了。換句話說，一封有一千個英文字母的信，因爲信裡的E、T、A、O、I較多，J、X、Q、Z比較少，平均下來可能不必用到五千個「0」和「1」。

其實，按照英文字母出現的頻率，用長度不同的連串的「0」和「1」代表二十六個不同英文字母的觀念，在電腦發明前就已經有人想到，就是用在電報的摩斯碼（Morse Code）。電報是在十九世紀發明的，在摩斯碼裡，用短（dot）和長（dash）兩個訊號組合起來代表二十六個不同的英文字母，例如英文字母「E」用「・」（dot）代表；「I」用「・・」（dot dot）代表；「A」用「・－」（dot dash）代表，「Z」用「－－・・」（dash dash dot dot）代表；「Q」用「－－・－」（dash dash dot dash）代表等等。

和前面講的基本觀念完全一致，在資料科學裡，這個觀念可以用霍夫曼樹（Huffman Tree）的技術準確地表示呈現出來。在大學裡學過資料結構（data structures）的讀者都會記得。講到這裡，相信大家對傳遞的效率這個觀念，已經有了基本的了解，還有沒有可以講的東西呢？當然有，還多得很呢。差不多每一個人都有一個MP3用它來聽音樂，什麼是MP3呢？除了數字、文字的資料外，我們還有聲音、圖片、動畫的資料，這些資料都可以全部用「0」和「1」代表，這些「0」和「1」的資料可以用不同的規則和方式代表，以效率的觀點而言，我們要採取一套規則和方法，希望能夠盡量壓縮這些資料。

爲什麼這些資料可以壓縮呢？讓我們用兩個簡單的例子來說明：第一個例子，在聲音裡有一小部分的頻率，即使我們把這些頻率拿掉，我們的耳朵是分辨不出來的，所以爲了效率的緣故，當我們傳送聲音時，我們就把這小部分的頻率拿掉。第二個例子，當我們要傳送一連串的圖片時，我們可能把這些圖片一張一張的單獨傳送，但是，例如在電影裡，一連兩張的圖片可能很相似，只有一點點的差別，那麼在傳送了第一張後，我們只要把第一張和第二張之間的差別傳出去，收到的人就可以把第一張和第二張還原了。

差不多三十年以前，大家就開始設計一套共同的規則和方法代表多媒體之資料，其中一個重要的考量，就是像前面兩個簡單的例子所講的資料的壓縮和還原。這些共同的規則和方法，就是大家常常聽到的MPEG-1,2,3,4,7,21等等，MPEG就是Moving Picture Experts Group，它是一個國際組織，大家一起制定共同的方法和規則。MPEG-1是第一套圖像和聲音壓縮的標準，其中有關聲音壓縮的那一部分是這個標準的第三層，所以叫作MP3。MP3是最常用的聲音壓縮的標準，大家按照這個標準來壓縮存儲、傳遞、播放音樂，所以就可以互通了。

七言可以變五言

讓我們回過頭來說說在語言文字裡，有沒有相似的壓縮的觀念呢？當然有，杜牧有一首很有名的七言絕句：

清明時節雨紛紛，
路上行人欲斷魂，
借問酒家何處有，
牧童遙指杏花村。

有人說這首詩可以被壓縮一下：

「清明時節雨紛紛」，只是講下雨，是不是清明沒有關係，所以「清明」兩個字可以刪掉。「路上行人欲斷魂」，行人當然是在路上，難道在家不成？所以「路上」兩個字可以刪掉。「借問酒家何處有」，明明是問一個問題，「借問」兩個字是多餘的，也可以刪掉。「牧童遙指杏花村」，這個問題的答案是杏花村，誰告訴你這個答案，無關重要，所以「牧童」兩個字也可以刪掉。這首詩的壓縮版，就變成一首五言絕句：

時節雨紛紛，
行人欲斷魂，
酒家何處有，

遙指杏花村。

至於前面講過，假如一連兩張圖片，相差不多的話，一個壓縮的辦法是只傳送第一張，然後傳送第一張和第二張之間的差別。假如我們有兩份招標購買冷氣機的公文，第一份公文把招標的條例、規格、數量、時間、地點都講清楚了，那麼第二份公文就可以說「和第一個公文一樣，只是購買數量改爲三百台，交貨地點改爲高雄，交貨日期爲五月二十三日」，那麼一切就都很清楚了。

編碼的第二個考量是可靠。當我們用一連串的「0」和「1」代表一項訊息時，如果在傳遞的過程中，「0」變成「1」，或者「1」變成「0」，那麼接收的人，不是收到了錯誤的訊息了嗎？尤其是在太空通訊裡，因爲訊號從遙遠的太空傳送回來，雜音相當多，錯誤發生的機率也比較高，所以我們在編碼時，要考量怎樣面對傳遞時可能發生的錯誤。第一個要求是知道錯誤的發生，那就是能夠偵測錯誤的碼；第二個更高的要求是要知道錯誤發生在那裡，那樣我們就可以把錯誤改過來，也就是能夠改正錯誤的碼，正如《左傳》裡說：「過而能改善莫大焉。」

其實，設計能夠偵測錯誤和改正錯誤的碼，基本觀念是很簡單的。假如我們要傳遞一項訊息，「0」代表贊成，「1」代表反對，若是在傳遞的過程中，錯誤發生，「0」變成「1」，或者「1」變成「0」，那就糟糕了。如果我傳送「00」代表贊成，「11」代表反對，在傳遞的過程中，如果錯誤發生了，我們收到「01」或者「10」，雖然我們無法知道原來要傳遞的是「00」或者是「11」，但是我們會知道發生了錯誤，可以要求再傳送一次；當然如果我們傳送的是「00」，收到的是「11」，那麼我們是無法知道原本傳送的是「00」，是因爲傳送的錯誤而變成「11」，還是原來傳送的就是「11」，沒有傳遞錯誤。但是，我們可以假設兩個錯誤同時發生的機率是比較低的，所以如果我們收到「00」，我們就相信原來要傳遞的是「00」，如果我們收到「11」，我們就相信原來要傳遞的是「11」。這就是偵測錯誤的最基本觀念。

延伸下去，如果我們用「000」代表贊成，「111」代表反對，如果我們收到「000」也好，「001」、「010」、「100」也好，我們都假設原來要傳遞的訊息是「000」，因爲傳遞的三個「0」裡，頂多只有一個出了錯，如果我們收到的是「111」或「110」，「101」、「011」我們都假設原來要傳送的訊息是「111」，這就是改正錯誤的最基本觀念。

爲了可靠性而重複傳送一項訊息號，這麼簡單的觀念，可以推廣到非常有趣和重要的數學研究，那就是所謂「代數編碼理論」（Algebraic Coding Theory），有興趣的讀者可以去探討一下。

編碼、解碼學問大

編碼的第三個考量是保密、安全，這就是所謂密碼的觀念。發訊的人用一個方法把要傳遞的訊息改頭換面、隱藏起來，那就是編碼；收訊的人有一個方法能夠把隱藏起來的訊息還原，那就是解碼。但是竊聽的第三者卻不知道還原的方法，如果他能夠把還原的方法猜出來，那就是破碼。按照歷史的記載，羅馬時代的凱撒大帝就已經想出一套密碼。密碼的應用，以前大部分限於軍事，近五十年來，通訊科技迅速發展，除了軍事之外，商業的應用，公家和私人資料的儲存都是非常非常重要的問題。

讓我們舉幾個有關密碼的簡單的例子：一個編密碼的辦法是「代替」(substitution)，例如英文的二十六個字母，A被D來代替，B被E來代替，E被F來代替，X被A來代替，Y被B來代替，那麼收訊的人，只要倒過來代替就可以知道原來的訊息了，這就是凱撒大帝當年用的密碼。另外一個編密碼的辦法是「換位置」(transposition)，例如你要傳遞一連串的英文字母，你把第一個和第二個，第三個和第四個等等交換位置，就像大家最近讀過的《達文西密碼》這本小說，或是看過這部電影，在裡面就有好幾個例子，提到如何將文字原來的次序打亂，變成密碼。另外一個編密碼的辦法是加入雜音，例如你要傳遞一連串的英文字母，你在每兩個字母之間，隨便放入一個完全無關的字母。這些都是最簡單、最原始的觀念。

不過推而廣之，如何設計不容易被破解的碼？怎樣去破解別人的碼？都是很有趣，也是相當深奧的一門學問。我要特別提的是，雖然密碼學有上千年的歷史，但是在三十年以前，有人提出公開編碼（public key encryption）這個觀念，它的最基本的想法是，即使我告訴你怎樣編碼，你也不容易找出解碼的方法。這是可能的嗎？有興趣的讀者，可以去探討一下。

讓我談談一個在二次大戰時，美國軍方使用的一個祕密通訊辦法，他們找到美國原住民印第安人的一個族群，很少人聽得懂他們的語言，假如軍方要傳遞一段用英文寫的訊息，例如第一個要用的字母是「a」，在英文裡，用「a」開頭的字很多，例如「apple」蘋果、「ant」螞蟻、「air」空氣，負責通訊的印第安人在這些英文字裡，隨便找一個字，例如說「ant」螞蟻，他就用他的母語把「螞蟻」這個字說出來；在收訊的地方，另外一個印第安人聽到用母語說出來的「螞蟻」，就倒過來把英文「ant」寫出來，再抽出其中的「a」字，諸位可以想像得到要破解這個密碼是相當不容易的。

最後，我要跟大家講唐伯虎爲秋香賣身爲奴的故事，老夫人爲了考驗唐伯虎的文才，要他在一幅山水畫上題一首詩，他題了：

我畫藍江水悠悠，
愛晚亭上楓葉愁。
秋月溶溶照佛寺，
香煙裊裊繞經樓。

這是一首藏頭詩，也就是一個密碼，每一句的第一個字連起來就是唐伯虎想說的「我愛秋香」這句話。

你今天Google了嗎？

少有人不知道這家公司，事實上，Google已經變成常用動詞。

一提到Google，大家都知道這家公司，幾乎每個人都使用過它的軟體在網路上搜尋資料。在網路搜尋資料的軟體，叫作搜尋引擎（search engine），除了Google外，還有yahoo、MSN Search和百度（Baidu）。在市場占有率上，Google遙遙領先，超過五〇%。

其實，Google已經變成常用的動詞，假如我想知道明天曼谷的天氣，要找一個旅館，找幾間好的餐館，趕快上網Google一下就行了。我們有時會說：「又給Google了。」指的是別人在網路上把你的身家底細、幾十年前寫的博士論文、最近在什麼地方做過什麼學術演講，透過Google全部都找了出來了。

這家公司的兩個創辦人布林（Sergey Brin）和佩吉（Larry Page），念完大學後都到史丹福大學的資訊系念博士。一九九六年，他們開始研究如何在網路上有效地搜尋資料，一九九八年從史丹福休學，正式成立Google這間公司。六年後，股票上市。二〇〇五年，營運收入是六十億美元，目前股票市場的價格差不多是一千三百億美元（比雅虎、麥當勞、通用汽車等公司多）。微軟還是最高，是Google的兩倍以上。

身處網網相連的世界

一九五〇年開始，電腦科技不斷地迅速發展，計算速度到達一秒鐘可以做一兆次的加減乘除，一個iPod大小的記憶體可以存十萬本書、一萬首歌。這些數字，遠遠超出五十年前人們所能想像。從一九五〇年代開始，每部電腦是獨立運作的，到了六〇年代，透過網路將電腦連接起來，資訊就可以透過網路，從一個電腦傳到另一個電腦，一份上千頁的文件，不到一秒鐘，就可以從地球的任何一個角落傳送到另一個角落。

電腦網路存在後的前三十年，最重要的所謂的殺手級應用（killer application）就是電子郵件。電子郵件可以把大量資料迅速地傳送到任何地方，不過它最基本的運作跟傳統郵件差不多。我們可以將資料送到對方的電子郵箱裡，頂多也只能把我們的資料庫打開，讓別人到我們的資料庫提取。假如用一本書做譬喻，我們可以把一本書抄一份，按照朋友的地址送出去，也可以讓朋友按照我的地址來我這邊抄一份我的一本書。

一九八九年有個叫作伯納斯李（Tim Berners-Lee）的英國人，提出全球資訊網（World Wide Web），也就是ＷＷＷ這個觀念。在全球資訊網中，每個文件，也就是每個網頁，有一個網址，例如ＩＣ之音的網頁網址是www.IC975.com，任何人按照這個網址，就可以打開這個文件，瀏覽這個網頁的內容。在全球資訊網裡，最重要的基本觀念，是從網頁的任何一處都可以連到任何網頁的任一處。假如用書來比喻，一個網頁就是一本打開的書，任何人都可以來瀏覽。在傳統的書本裡，偶然會出現「請往後看第幾頁第幾行」，或者「往前看第幾頁第幾行」，但是在全球資訊網裡，在網頁裡的任一處，都可以跳到同個網頁或者任何一個網頁的任一處。

其實，文件間可以相互交叉相連這個觀念，遠在一九四五年麻省理工學院的教授布希（Vannevar Bush）已經提出這個觀念。一九六八年，尼爾森（Ted Nelson）發明了超文件（hypertext）這個語言，作爲文件間相互交叉相連的工具。其實到了今天，尼爾森還是有點忿忿不平，因爲他認爲在一九六八年發展的一個系統仙那度（Xanadu），不但是全球資訊網的先驅，而且更完整。

總而言之，有了全球資訊網這個觀念，每個人可以製作自己的網頁，通過這些網頁的網址互相連結，就是Web這個名字的來源。在全球資訊網裡，大概有多少個網頁呢？目前大概是一百億到一百五十億之間，眞的很多、很多。

談到這裡，大家應該就明白爲什麼搜尋工具有那麼重要了。建立一個搜尋引擎的基本觀念其實不難。好比一本書後面的索引，編索引時，我們要將書從頭到尾看一遍，記錄每個重要的詞出現的頁數，我們都可以在索引裡找出來放在索引裡。

所以，在一本有關唐詩的書裡，「李白」這個名字會出現在不同地方，我們可以在索引裡找到，然後翻回原處，找出跟李白有關的資料。搜尋引擎用一個叫蜘蛛的程式，在全球資訊網上面爬，將資料蒐集起來，製成一個索引，以後就可以按照這個索引找出相關資料。這個索引包括了整個Web裡網頁的資料，是一個很大的資料庫，有人估計如果你將Google或者雅虎的資料庫印出，會有一疊三十萬呎那麼高的紙，大約是兩萬座一〇一大樓的高度。搜尋引擎不但要在一秒鐘之內找出相關網頁，一個重要的挑戰是，通常會從索引裡找到十萬到一百萬個有關的網頁，假如這個搜尋引擎把這一百萬個網頁，按網址英文字母的次序列出來給你，那還不如不給你。你怎麼可能在這一百萬個網頁中，找出最適當的一個、十個、一百個網頁來看呢？在這裡，佩吉有個重大的新觀念，也就是Google之所以成功的最重要技術觀念。

以廣告為唯一收入

佩吉認爲，在這一百萬個網頁裡，有些是比較重要的——內容和使用者要搜尋的項目關係比較密切，有些是比較不重要的。所以，他設計了一個方法，把每個網頁的重要性，也叫作「權重」計算出來，然後按照權重大小把這些網頁一一排列。至於怎麼算這個權重呢？那是Google的祕密。他們用幾萬個變數，極爲複雜的方程式計算。這個演算的最基本想法是，假如一個網頁有許多別的網頁指向他（那就是用網址連起來），那這個網頁的權重會加大，同時一個網頁有個權重很大的網頁指向他，那麼這個網頁的權重也會加大。佩吉的發明，申請了專利，專利名字就叫作「Page Rank」。其實，這是個很自然的觀念。例如在政治圈裡，一個常被很多人請吃飯的人，或者被一個圈子裡重量級的人請吃飯的人，這個人必定是政治圈裡的重量級人物。在World Wide Web裡，雖然有很多很多的網頁，但是他們相互交叉接連的關係，就是佩吉用來排列搜尋結果的最基本觀念。

佩吉和布林成立Google的過程，可以說很辛苦，也可以說很典型。他們原始的研究工作是在史丹福做的，所以專利屬於學校，然後再由學校授權給他們的公司使用。他們曾經嘗試將技術轉移給幾個最大的搜尋引擎的公司，包括Alta Vista和雅虎，但是都被拒絕。雅虎的創辦人之一費洛（David Filo）雖然拒絕了他們，卻鼓勵他們休學，專心推動公司營運。大家都知道雅虎的兩個創辦人費洛和楊致遠，都是從史丹福休學的研究生。

在一九九八年的秋天，佩吉和布林辦好休學，馬上拿到一個創投人的十萬美元支票。一年後，Google已經有了相當的成果，得到二千五百萬美元的風險投資，在財務上站穩了腳步。雖然Google有個很好的搜尋引擎，但是該怎樣用它來賺錢呢？一個很明顯的答案是，使用者按照使用的次數或者時間來付費。按照傳統資本主義經濟學來看，這是自然且必然的，但是二、三十年下來，電腦族群已經養成了「網路上什麼都是免費」的心態。電子郵件就是最好的例子。雖然維護網路的費用是由政府、公司和學校負擔，但是個人傳送電子郵件的時候，從來沒有想過費用這個問題。最後，Google選擇的商業模式是使用者完全免費，靠賣廣告來賺錢。

舉個例子，當你用Google來搜尋「汽車保險」這個關鍵詞的時候，Google給你的結果是在每頁左邊三分之二是你要的資料，右邊的三分之一（以一條藍線爲界限）是跟「汽車保險」有關的廣告網址，假如你對其中一個網址有興趣，而去點選這個網址的話，這個網址的公司就依被點選的次數付費，被點選一次的費用，從幾分錢到幾十塊美元不等。Google設計了一個競標的機制，公司可以競標，當某個關鍵詞每次被搜尋點選時，他願意付出多少費用，讓他的公司網址出現在版面較高或者較低的位置，這是滿合理的商業模式，也證明了是可行的。

當然，背後還有許多有趣的問題，假如使用者只點選賣廣告的公司的網址，卻不一定花錢在這間公司消費；或者如果他花錢消費的話，Google是否可以多收一點錢？這個想法不是不合理，但執行起來會複雜很多。後來還有商業上的競爭對手，設計了一套軟體，專門去點選別人的網址，消費別人的錢，增加別人的成本。也有當一個用戶用一間公司的名字來做搜尋的關鍵字時，這間公司的對手也花了錢，讓他的網址在旁邊出現等等，這些都是有趣和重要的技術、法律，乃至道德問題。

隱私問題仍有爭議

當我們使用搜尋引擎和電子郵件時，很多個人隱私的問題都會浮現。假如一個人在情人節前上網搜尋餐館的資料、送給女友的禮物等資料，小偷可以斷定他那天晚上會外出、狗仔隊會派人在餐館附近盯哨……。當Google和雅虎一樣提供免費的電子郵件服務時，Google想出一個點子，按照電子郵件的內容，他們會附上相關的廣告資料。如前面說的，假如一個人用電子郵件邀請女朋友共進晚餐，Google就自動在電子郵件上附上有關餐館、禮品店、花店有關的廣告。這個點子引起相當大的爭議，因爲這涉及別人電子郵件中隱私的資料，但Google也可以說，電子郵件就像明信片一樣，大家都看得到。還有幾個和雅虎、Google有關的例子，涉及將個人的電郵資料轉交給政府，以及提供政府阻擋過濾網上搜尋的結果等，從法令、個人隱私和自由的觀點來看，都是必須嚴肅面對的議題。

Google有了足夠的財力、人才和經驗處理大量資料和數據這個領域，所以他們也以此爲出發點，推出新的作品和計畫。很多人都用過「Google Earth」這個軟體，它能夠以很高的清晰度，看到地球上任何一點的三維立體圖像。二〇〇四年，他們宣布了一個計畫，要把五千萬本書數位化，做成一個可以搜尋的資料庫；美國最大的國會圖書館總量也不到三千萬冊而已。此外，他們也要在基因研究方面發展，因爲許多相關研究都要處理大量資料。

Google是由兩個非常聰明的年輕人創辦的，所以公司的文化也反映了理想、自由、活力、互信和不受傳統束縛的精神。Google公司的格言是「不要做邪惡的事」（Don't be evil.），不會接受不恰當的廣告，包括黃色刊物、烈酒、槍枝、香菸、不合法的藥（毒品、禁藥）、網上賭博等等。Google有個二〇%的工作規則，就是每個人可以用二〇%的工作時間，做自己覺得有意義、有價值的工作。在Google上班，有免費的飲品和食物，免費的洗衣和按摩服務，還有自己的廚師。據說，那是在矽谷唯一有股票分紅的廚師。

站在投資的觀點來看，Google是了不起的成功，二〇〇四年八月上市的時候，每股的股價是八十五美元；在二〇〇六年四月到達四百五十美元左右，從好幾個商業的指標來看，它已經超過雅虎，緊追在微軟後面。Google以廣告為唯一收入的商業模式，會如何繼續往前走，如何應變，如何面對強大競爭者的挑戰，將會是一個尚未結束的故事。

最後，我得交代一下Google這個名字的由來。數學上有個單位Googol，大家都知道一的後面有三個〇是一千，四個〇是一萬，六個〇是一百萬，八個〇是一億，十二個〇是一兆，二十四個〇是一兆兆，一百個〇叫作一個Googol。當初佩吉跟布林選用Googol這個字的時候，他們把Googol拼錯了，就變成今天的Google。

當然，Google號稱能在一個Googol那麼多的資料裡，也可以幫你將資料找出來，確實是取得很巧妙的一個名字。

蘋果怎麼那麼好吃？

賈伯斯的天才之處，在於成功將不是蘋果發明的技術，漂亮地整合包裝起來

年紀比較大的朋友，很多人都使用過蘋果電腦；年紀比較輕的朋友，很多人都有一台iPod。二〇〇六年一月二十四日，美國的迪士尼公司（Disney Company）用七十四億美元將製作卡通動畫的皮克斯公司（Pixar）買下來。這些新聞裡，最重要的主角就是賈伯斯（Steve Jobs）這個人。

電腦，可以說是二十世紀裡最重要的一個發明。大家都知道，電腦分硬體和軟體兩個部分。在硬體方面，五、六十年前的第一代電腦是個龐然大物，得占一個大房間，價值幾百萬美元。那時ＩＢＭ是最大的電腦公司，創辦人華生（Thomas J. Waston Sr.）是位非常有遠見的企業家。傳說，他曾做過一個大錯特錯的預言，他說：「全世界的電腦市場一共只需要五台電腦。」相信今天很多人家裡，就不只五台電腦。

第二代電腦，差不多有一個衣櫥那麼大，那個時候叫作迷你電腦（mini computer），相信很多人還記得DEC（Digital Equipment Corporation）這家公司，它是當時製作迷你電腦非常成功的公司。DEC的創辦人之一叫作歐爾森（Ken Olson），也有個傳說，當別人向他提出從迷你電腦轉型到桌上型電腦時，他說：「誰會想要把電腦搬到家裡去？」

接下來，可以放在桌面的桌上型電腦可以說是第三代電腦，又稱個人電腦（personal computer）。再接下來，可以放在大腿上筆記型電腦（laptop computer，也叫notebook computer），可以說是第四代電腦。電腦硬體的演進代表了基本技術的進步，大致來說，第一代電腦用真空管，第二代電腦用電晶體，第三代電腦用主機板，第四代電腦則用晶片，使得電腦體積越來越小、重量越輕便，價格也越便宜。

至於電腦軟體，最基本的是操作系統，大家經常聽到Windows、Linux及Unix這些名詞。操作系統可以說是一個使用電腦硬體的平台，在這個平台上，我們可以有各式各樣特殊的應用程式，例如準備文件的Word，做試算的Excel，做投影片的PowerPoint，都是放置在操作系統上的應用程式。

圖形介面一炮而紅

一九七六年，賈伯斯二十一歲時，他和他的朋友沃茲尼克（Steve Wozniak）成立了蘋果電腦公司，生產的第一台電腦叫作Apple I。成立初期，公司有三個股東，賈伯斯、沃茲尼克各占股四五%，另一位朋友偉恩（Ron Wayne）占一○%。起初，公司資金只有一千美元，不到兩個月，偉恩就退出了，用八百美元將股份賣掉。在蘋果電腦的全盛時期，偉恩的持股可以值六十億美元，很多人問起偉恩這個決定，他說：「我不後悔，那是我按照了當時我所能掌握的資訊，所做的最好決定。」這雖然是個很小很小的插曲，我倒覺得偉恩的心態值得欣賞。

Apple I後來成爲Apple II，是個很成功的產品，接連下來的兩個產品是Lisa和我們熟知的麥金塔（Macintosh），前者是失敗的產品，但麥金塔則變成主流產品了。不過，最重要的是這兩項產品都在技術上都引進了圖形使用者介面（Graphical User Interface，GUI）的觀念。年長的聽眾也許還記得，以前用電腦得靠打字將指令一行行打進去，現在只要在銀幕上對著代表這個指令的圖形（icon）一點就可以了。

在一九七〇、八〇年代，以影印機聞名的全錄公司（Xerox），在加州帕羅奧圖（Palo Alto）有個非常成功且有名的研究中心，叫作Xerox PARC。他們對資訊科技有很多非常重要的發明，包括個人電腦的硬體和軟體、滑鼠、電腦的網路等。可惜的是，許多發明都沒有轉移爲成功的商品，卻讓別的公司拿去發了大財，這也引起當時管理階層是否缺乏遠見的批評。其實，一九七二年在Xerox PARC裡，已製造出第一部個人電腦，並引進了圖形使用者界面及滑鼠，這當然是他們的機密，不讓外人知道的。後來，因爲Xerox PARC投資一百萬美元買了十萬股蘋果的股票，他們才讓賈伯斯帶幾個人一起來看Xerox PARC裡面個人電腦的展示。這群人一看到圖形使用者介面及滑鼠，興奮得不得了，就把這些重要的觀念抄過來，放在麥金塔電腦上了。

蘋果這個公司不斷成長，內部也出現了很多管理的問題。賈伯斯當時是董事長，也是主管麥金塔電腦部門的人。一九八三年，他請了當時很有市場行銷經驗的百事可樂總經理史谷利（John Sculley）到蘋果當總經理，經過一段時間的權力鬥爭，董事會支持史谷利，並完全解除賈伯斯的權力和責任。當然，他也不願意留下來掛名當空頭董事長，不久，可以說是被掃地出門地離開了蘋果，那年他才三十歲。沒有想到，十幾年之後，他又回到蘋果掌權。賈伯斯的夥伴沃茲尼克則早就逐漸淡出了蘋果的主流工作，比賈伯斯更早一步離開了蘋果。

賈伯斯跟沃茲尼克對個人電腦技術的發展有極大貢獻，一九八五年他們得到雷根總統頒發的國家科技勳章。在個人財富方面，賈伯斯曾說，「我二十一歲成立蘋果電腦公司，二十三歲成為百萬富翁，二十四歲成為千萬富翁，二十五歲成為億萬富翁」，確實不是狂妄的豪語。

賈伯斯離開蘋果後，很快地就成立一間新電腦公司Next。這間公司的產品是工作站（工作站算是比較大的個人電腦），發展硬體的製作，也要發展軟體，特別是操作系統的製作。整體而言，硬體發展方面是個很大的失敗，但是，賈伯斯自己也沒想到在Next做的軟體發展，後來卻成為他重回蘋果的跳板。

讓蘋果起死回生

自從一九八五年賈伯斯離開之後，蘋果的生意就一直往下滑，CEO也連換了好幾位。同時，市場上硬體方面有IBM的PC，軟體方面，則有微軟的Windows操作系統，都占了非常大的優勢，很多人擔心蘋果可能撐不下去。大約一九九五年左右，蘋果知道，要救活麥金塔，除了在硬體方面改進外，軟體方面也要有新突破。然而，當時的蘋果沒有足夠的人力和時間去改進，必須仰賴外援。有四個可以選擇的合作對象，包括微軟、昇陽（Sun Microsystem）、一家叫作Be的小公司和Next，最後他們選擇了Next的軟體。一九九七年，蘋果用四億美元把Next買下來，賈伯斯重回蘋果，先是做顧問，後來做過渡執行長，最後才正式接任執行長。賈伯斯回到蘋果之後，一年內就推出一個新設計的麥金塔叫作iMac，這台電腦的外型設計非常漂亮，銷路很好，讓蘋果起死回生，重新站穩腳步。

二〇〇一年，蘋果推出大家都非常熟悉的iPod。iPod這個名字，前面的「i」是Apple用來標示自家產品的，例如iMac，iTunes等等。「Pod」則是取了「Portable Digital Music Player」裡面的三個字母。第一代的iPod的硬碟有五Ｇ，大概可以存一千首歌，最新的iPod則有六〇Ｇ，可以存超過一萬首歌。毫無疑問，iPod是非常成功的產品，面世以來，已經賣出超過四千萬台。要聽數位音樂需要硬體和軟體，iPod是硬體，相配合的軟體叫作iTunes。

此外，蘋果還有個很有創意的做法，就是開了iTunes的音樂店，透過軟體，顧客可以在iTunes音樂店以九十九分美元的價格，下載一首歌，非常成功的做法。以往顧客如果喜歡一首歌，往往得買張上面有十幾首歌的ＣＤ。現在，顧客可以合法選取自己喜歡的歌，到目前爲止，透過iTunes下載的歌已經接近十億首了。iPod是蘋果公司有史以來最成功的產品。賈伯斯的天才之處，在於成功將不是蘋果發明的技術，漂亮地整合包裝起來：iPod裡用的Mini Disk是日本東芝（Toshiba）的技術，iTunes則源自一家Sound Jam的公司。

當賈伯斯在一九八五年被蘋果掃地出門後，他買了一家公司皮克斯，這間公司是專做電腦動畫的。五、六十年以前，電腦剛發明時，是用來處理數字的。電腦可以在很短的時間內，處理繁雜的數字運算，後來大家才開始用電腦來處理文字、聲音、圖形、動畫。從最基本的觀念出發，數字、文字、聲音、圖形和動畫，都用「0」和「1」來代表，只不過處理這些「0」和「1」時，需要速度很快、複雜度很高的軟體。二、三十年前，大家覺得在處理圖形和動畫時，爲了增加硬體操作的速度，一個可行的方法是設計專用的電腦。皮克斯成立之初，目標之一就是設計專門處理圖像影片的電腦。這家公司原來就是由以拍攝「星際大戰」（Star Wars）系列電影成名的盧卡斯（George Lucas）成立的。六、七年下來，生意做得不好，快撐不下去了。一九八六年，賈伯斯用一千萬美元買下這家公司，之後在硬體方面沒有什麼大進展，倒是經常和迪士尼合作製作動畫卡通片。第一部卡通長片「玩具總動員」（Toy Story），在一九九五年推出後非常賣座，接著一連推出好幾部非常成功的電影。

在一九三〇年代，迪士尼（Walt Disney）開始製作卡通電影，那時電影裡的畫面是一張張用手來畫的，非常費時；改用電腦來畫，完全改變了卡通片製作的方法和過程。經過好幾年的合作和成功的結果，二〇〇六年一月迪士尼公司以七十四億美元代價，把皮克斯買了下來，賈伯斯因此拿到迪士尼七％的股份，成爲迪士尼的最大股東。

看完上面的故事，大家可以想像得到，成立一個公司，乃至經營一個公司，到和別的公司競爭合作，背後有許多艱難、痛苦和有趣的插曲。

求知若渴，虛心若愚

不要浪費時間，過別人要你過的生活，別讓雜音淹沒了自己內在的聲音。跟著直覺和勇氣向前走吧！

二〇〇五年六月，在美國史丹福大學的畢業典禮上，蘋果電腦的執行長賈伯斯爲應屆畢業生做了一篇很感人的演說。這篇演說的題目，正好也是結語：「求知若渴，虛心若愚。」（Stay hungry, stay foolish）

他說，在名列全球最好的大學的畢業典禮上演講，是很高的榮譽，也是他距離畢業典禮最近的一個時刻（賈伯斯在大學念了一學期就休學）。「今天我要爲大家講我生命裡的三個故事，沒有什麼大了不起，三個故事而已。」賈伯斯說。

第一個故事是關於「把點連接起來」（connecting the dots）。賈伯斯的媽媽未婚生子，也許因爲當時社會環境的緣故，他媽媽決定將孩子送給別人領養，但她堅持領養的人必須受過大學教育。經過安排，她找到了一對律師夫婦。可是等到賈伯斯生下來要被送到這位律師家的時候，他們在最後一分鐘說：「我們想要一個女孩子。」當時，另外一對賈伯斯夫婦（Paul and Clara Jobs）也在等待領養嬰兒，半夜裡他們接到電話說：「現在突然有個男嬰等待領養，你們要嗎？」他們說：「當然囉！」

直覺、細心加膽量

當賈伯斯的生母發現，養母沒有念過大學，養父連高中都沒有畢業時，就不肯在領養文件上簽字，拖了幾個月後，在他們夫婦答應一定會把賈伯斯送進大學後，她才勉強同意。養父保羅是個機械工人，後來的確啓發了賈伯斯在機械和電機方面的興趣。賈伯斯的生父母，後來終於結婚，再生了一個女兒，就是賈伯斯的妹妹，叫作瑪麗，是個小有名氣的小說家。賈伯斯一直視養父母爲親生父母，如果有人當面稱他們爲賈伯斯的養父、養母，賈伯斯會不高興地拂袖而去。

十七歲的時候，賈伯斯上大學了，他進了奧勒岡州的里德學院（Reed College），那是一所很小、很有名、學費也很貴的學校，念了一學期，發現父母的畢生積蓄都用在他的學費上，而他不知道自己想做什麼，也不覺得念大學會幫他搞清楚自己要幹嘛，所以只念了一學期就決定休學。但是，休學後並沒有馬上離開里德學院，他還繼續在那邊混了兩年。沒有宿舍住，就在朋友的房間裡打地鋪；到處撿可樂的空瓶，每個空瓶換五分錢，湊起來吃飯。每個星期天，他走好幾哩路去吃一個宗教團體提供的免費晚餐。他說，自己習慣用直覺、細心、膽量去發掘新的東西。

他舉了一個很有趣的例子。他在里德休學後，沒有選讀必修課程的壓力，他特別跑去旁聽一門學校裡很有名、有關書法的課。從這門課程，他學到不同的字體、不同的字型，字母和字母間的空間配合，也學到書法的藝術觀和歷史觀。這一門看似並不實用，特別是跟高科技無關的課，十年後，當賈伯斯在設計麥金塔的圖形使用者介面時，這些知識完全都派上用場。後來，連微軟的Windows也抄襲了這個概念。今天，我們的電腦之所以都使用美麗的字型、字體，可以說是源自當年賈伯斯在里德旁聽書法課的影響。

這個故事指出了，人生裡有許多看起來互不相關的「點」，可是回過頭來看，這些點是可以連接起來的。當我們站在一個點上面的時候，無法預期這個點會怎樣和未來的點連接起來，儘管如此還是應當懷有信心，相信自己，相信生命，相信有一天當我們回過頭來看時，這個點是會和其他的點連接起來的。

生命給的啟示

第二個故事是關於「愛和失落」（Love and Lost）。賈伯斯二十歲時，和他的夥伴沃茲尼克在家中的車庫裡拼湊個人電腦。當他三十歲時，蘋果電腦變成一個市值二十億美元、四千名員工的公司。沒想到，他居然被董事會趕出了自己一手創辦的公司。

離開蘋果後的前幾個月，他不知道自己該做什麼好。覺得對不起創業家前輩們，還跑去拜訪了惠普（HP）的創辦人之一派卡德（David Packard）和英特爾（Intel）的諾宜斯（Bob Noyce），跟他們說抱歉；甚至想要逃避，從此遠離矽谷。慢慢地，他終於明白，自己還是熱愛工作，儘管離開蘋果，這份熱愛仍沒有改變。他決定重新再開始。頓時，他感到「重新開始」的輕鬆，完全取代了成功的沈重負荷感。當他對任何事情都沒有絕對把握的時候，反而更能自由自在地走進了事業生命中最有創造力的一段時期。

在之後的五年，他又創辦了Next，這家電腦公司原本是生產供教育使用、便宜的工作站。後來，Next操作系統軟體的發展，成爲賈伯斯重回蘋果再掌大權的跳板。賈伯斯還買下了用電腦製作動畫的皮克斯。在這段時期，賈伯斯也結識了他現在的太太蘿倫（Laurene），家庭生活美好。賈伯斯說，假如當時沒被蘋果趕出來，這一連串的事情，都不可能會發生。那是帖很苦的藥，但是他相信良藥苦口，對病人是好的；當命運拿著一塊磚頭直敲你的腦袋時，不要失去信心，讓我們對我們所做的事和所愛的人的熱愛，成爲我們繼續努力前行的力量。工作會占據生命一大部分，在工作裡，得到滿足的唯一方法，就是對工作的熱情；在工作裡，能夠有異常成就的唯一方法，還是對工作的熱情。假如你還沒有找到熱愛的工作，繼續去找，不要妥協。

在賈伯斯的演說裡，他說的第三個故事是關於「死亡」（death）。十七歲時，他聽過一句話：「假如你把每一天都當做生命中最後的一天，當然遲早你會是對的。」多年以來，他每天早上，都對著鏡中的自己問道：「假如，今天是我生命中最後的一天，我會不會去做今天我安排好了要去做的事？」如果一連好多天，答案都是「不會」的話，他就知道自己應該改變方向了。

記得自己的時間有限，記得死亡不久就會來臨，是幫助我們做重大決定的最好工具，也是幫助我們跳出害怕失敗的陷阱的最大助力。當你已經是赤裸裸地站在死亡面前，沒有理由不聽從內心的呼喚。

賈伯斯四十九歲那年，發現胰臟有個腫瘤。醫生告訴他，胰臟腫瘤很難治，通常只能活三至六個月，你最好回家把該處理的事情處理一下。他難過了一整天，當天晚上，太太陪著他回到醫院，做切片檢查。檢查是在麻醉狀態下進行的，事後，太太告訴他，醫生幫他做完切片後，大家都哭了起來，因爲他的胰臟腫瘤是很罕見的，但在動過手術之後，已經完全治癒。賈伯斯說，這是他生命中最接近死亡的經驗，這個經驗讓他了解，沒有人願意接受死亡，但死亡是每個人都必須接受的終點。

跟隨內心直覺向前走

死亡在生命裡扮演清道夫的角色，把老舊的生命挪開，讓新生命進來。今天你們是年輕的、是嶄新的，不久的將來你們也會變老，會被挪開。他接著說：「不要浪費有限的時間，去過別人要你過的生活，不要讓別人意見的雜音，淹沒了自己內在的聲音。最重要的，你們必須有跟隨著內心和直覺向前走的勇氣，因爲你們的內心和直覺已經清楚知道自己要成爲一個什麼樣的人。」（Your time is limited, so don’t waste it living someone else’s life. Don’t be trapped by dogma — which is living with the results of others people’s thinking. Don’t let the noise of others’ opinions drown out your own inner voice. Ant most important, have the courage to follow your heart and intuition. They somehow already know what you truly want to become.）

最後，賈伯斯送給年輕同學們兩句話：「求知若飢，虛心若愚。」希望大家能不斷求進步、求新、求美，不要輕易滿足於既有的知識工作、地位和財富，繼續去尋求、繼續向前走。此外，還要保持那份衝勁與赤子之心，聽從內心和直覺的呼喚，走應該走的路；過分地聰明、過分地謹慎、過分地盤算，以及過分地依賴別人的意見，會讓你迷失了真正要走的方向。

賈伯斯的結語是：「Stay Hungry. Stay Foolish. And I have always wished that for myself. And now, as you graduate to begin anew. I wish that for you. Stay Hungry. Stay Foolish.」

在此以這篇賈伯斯的演說稿勉勵大家，不管你的年齡是多少，不管你的職位成就有多高，保持一份不斷進取的精神、一份純真的赤子之心，勇往直前，走要走的路。

歐巴馬總統就職演說

在嚴峻的考驗面前，我們不曾退縮、不曾躊躇，而是努力奮進，凝望未來。

二〇〇九年一月二十日歐巴馬宣誓就職美國總統。他的就職演說非常動人，我把它翻成了中文，跟大家一起分享。（這篇演說一開始，歐巴馬以剛剛宣誓成為美國第四十四任總統的身分講話）

今天，我站在這裡，以敬畏的心情面對我們共同的重任，以感恩的心情接受你們交託給我的信賴，更以緬懷的心情追憶先人前賢所做的奉獻和犧牲。

有四十四位美國人宣讀過總統的就職誓言，這份誓言曾經在繁榮的浪潮裡、在和平的靜水中被宣讀，也曾經在密布的濃雲下、暴雨狂風裡被宣讀，但無論在任何一個時刻，我們的國家都能夠奮力前進，不單是因爲領導團隊的能力和視野，更因爲全國上下都堅信祖先的理念、奉行立國宣言裡的精神。

過去是如此，我們這一代也將會是如此。

（其實，他說一共有四十四位美國人宣讀過總統的就職誓言是口誤，正確的數目是四十三位。歐巴馬雖然是第四十四任總統，但是因爲格羅弗・克里夫蘭曾經擔任第二十二和第二十四任總統，他是同一個人宣讀過兩次總統的就職誓言。接下去，他首先談到美國目前面臨的危機）

大家都知道，我們正處在嚴峻的危機當中，我們必須面對暴力和憎恨的挑釁，我們必須解救因爲部分人的貪婪、失責和大家在規劃和決策上的失誤與疏忽所造成的經濟困境。失業、房貸無力償還、企業和商業的倒閉，比比皆是。我們的醫療照護制度、學校教育系統和能源政策都出現了重大缺失。

也許，這些都是可以用數據和統計來呈現的危機，比較難以量化、影響卻是更深更遠的是信心的消沉、對無法避免的下坡路的疑慮、以及對下一代沉淪的擔憂。

今天，我要跟大家說，我們面對的挑戰是眞實的、是嚴峻的、是大規模和多方面的，不會那麼容易地在短期內被克服。但是，讓我們一起宣示：它們將會被克服。

（講過了現狀的困境，話鋒轉到正面的決心）

今天，我們共聚在這裡，因爲我們選擇了希望，而不是恐懼；選擇了團結，而不是衝突和鬥爭。

今天，讓我們宣告政治圈子裡的怨恨、謊言、幼稚的互鬥和陳腐的意識型態就此終結。

今天，讓我們重新樹立不折不撓的精神，選擇更美好的歷史軌跡，重現平等、自由、追求全面快樂和幸福的機會。這些上帝恩賜的期許，世代相傳，生生不息。

（接著，他指出未來要走的路，他反覆使用「journey」這個字）

我們確信我們國家的偉大，我們也了解偉大絕對不是平白得來的，我們的旅程，沒有捷徑可走、也不可能退而求其次；我們的旅程，不是弱者、懦夫、好逸惡勞、追求榮華富貴的人要走的路；我們的旅程，是敢於冒險犯難、劍及履及、親力親爲的人要走的路。

爲了我們，我們的祖先離開古老的家園，飄洋過海；爲了我們，他們在田莊和工廠裡，血汗辛勞；爲了我們，他們華路藍縷，開拓大西方；爲了我們，他們在多場戰爭中，捨命犧牲。

他們深深知道，我們的國家是一個整體，這個整體大於個人企圖心的總和，超越了出生、財富和族群的差異。

這是我們今天繼續要走的旅程，我們仍是世界上最繁榮強大的國家；我們的勞動生產力並沒有降低；我們的創新發明仍然是日新月異；我們的產品和服務仍然有大量的需求；我們總體的能力和能量並沒有減低。但是，墨守成規、停滯不前，患得患失、猶豫不決，保護少數人利益的時代已經過去了。從今天開始，讓我們站起來，拍掉身上的灰塵，開始重建美國的大業。

（他進一步具體指出建設的方向）

環顧四周，萬事待興。面對目前的經濟情形，我們要展現魄力和效率，不但要創造新的工作機會，更要爲未來的成長奠定基礎。修路、築橋、電力網路和資訊網路的擴建，科學研究和技術發展的提升，醫療照護品質的改進和費用的降低。我們會利用太陽能、風力和土地的資源來驅動我們的汽車、運轉我們的工廠。我們要改進我們的中小學、大學的教育系統，因應新時代的需求。

這些我們都能做，這些我們都會做，這些我們都會盡力做到最好。

（他接下去談國防，講過去，也講現在，特別指出伊拉克、阿富汗和核戰的威脅）

至於我們的國防，我們不會接受在自由和理想間，只能二中取一的說法，我們的祖先面對難以想像的危險，擬定了一份確保法律和人權的憲章、一份我們後代用鮮血來維護、鞏固、發揚光大的憲章，他們的理想依然照耀著整個世界，不容輕易放棄。讓我對所有正在觀看今天儀式和觀察我們動向的政府和人民說，美國是每一個追求和平、尊嚴的國家和人民的朋友；美國對重新負起領導的責任，義不容辭。

（在許多方面，美國已經不再是世界上絕對的龍頭老大了。所以，歐巴馬總統指出美國將會重新負起領導的責任。他又再回顧一下過去）

當我們的上一代面對法西斯主義和共產主義的時候，他們依靠的不是坦克和飛機，而是團結和決心；他們知道單單靠武力，我們不足以自保，更不可能爲所欲爲；他們知道唯有能夠謹慎的使用力量，力量才會更強大。我們國家的安全，來自正義，來自我們樹立的典範，來自謙卑和克制。

（接著，他明白地指出美國對伊拉克和阿富汗的政策）

我們會負責任地把伊拉克交還到她的人民手中，在阿富汗建立和平。我們將會和老朋友及過去的敵人，共同努力減低核戰的威脅和地球暖化的危機。對那些企圖以恐怖和殺害無辜爲手段來達到不義的人，讓我現在正告你們：「我們眾志成城、氣勢如虹，我們將會超越你們、擊敗你們。」

（他談到美國多元的傳統）

多元的傳統是我們的優勢而非弱點，我們是一個由基督徒、回教徒、猶太教徒、印度教徒和不屬於某一個特定的宗教的人共同組成的國家。我們擷取了世界上每個角落語言和文化的精髓，因爲我們曾經嘗過內戰和種族隔離的苦果，我們超越了黑暗的一頁，因而變得更強壯、更團結。我們深信，舊日的仇恨終會成爲過去，族群間的分界將會消失，當世界變得更小的時候，人性的共同之美將會呈現在眼前，美國必須盡她的責任，導引全世界進入一個新的和平時代。

（談美國和其他國家的關係。在這裡，他有一句警句：「放開你們緊握的拳頭，我們將會爲你們伸出友誼之手。」在我的翻譯裡，我玩了一個文字遊戲，重複使用「手」這一個字）

對回教國家，我們會以互敬互信、互助互利爲基礎，尋找一個攜手向前的新方向。

對那些刻意挑釁、冀圖把自己的社會問題轉移到西方國家身上的領導人，請你們牢記，你們的人民將會用你們親手所做的建設、而不是用你們所做的破壞，對你們做評價和審定。

對那些用貪腐、欺瞞和打壓異己爲手段來掌握權力的人，你們將會被歷史淘汰和唾棄。但是，只要你們放開緊握的拳頭，我們將會爲你們伸出友誼之手。

對貧困國家的人民，我們承諾和你們一起努力，一起用我們的雙手，建立豐收的田園，供應潔淨的清泉，營養飢餓的身體，滋潤乾渴的心靈。

對跟我們一樣相對比較富裕的國家，我們不能袖手旁觀、漠視別人的艱苦，更不能不負責任地消耗地球上大家共有的資源。世界在改變，我們必須跟著改變。

（接下來，他談到犧牲奉獻的精神）

回顧過去，放眼未來。我們以一份謙卑和感激的心情，懷念此時此刻遠在遙遠無人的沙漠和荒山之中，捍衛我們安全的勇敢同胞。他們要告訴我們的，就正是躺在阿靈頓國家公墓爲國捐軀的英雄們一再爲我們輕輕低訴的話，我們永遠銘記他們。他們不但是安全的捍衛者、自由的守護神，更彰顯了一份奉獻的精神，一份犧牲小我、以成大我的精神。在這一刻，在這決定性的一刻，讓這份精神瀰漫我們的心靈。

不管政府能夠做多少、將會做多少，國家倚賴的是全國同胞的信心和決心。對陌生人的關愛，對工作夥伴的體諒同情，會支持我們度過最黑暗的時段。救火員捨身救人的勇氣，父母親撫育兒女的恩情，都是決定我們未來命運的力量。

我們面臨的挑戰可能是新的，我們要運用的手段和方法可能是新的，但是我們成功所倚賴的是誠實和刻苦、勇氣和公義、寬容和冒險、忠貞和愛國，這些都是古老的、也是永恆的價值，也都是在我們歷史裡，默默地推動我們進步的力量。我們必須回歸到這些永恆的價值。

（他特別指出負責和自由的精神）

我們更必須進入一個負責任的新時代，對自己、對國家、對全世界，都必須負起責任，不是無可奈何，而是勇於、樂於承擔的責任。因爲我們知道，不怕困難，全力以赴，彰顯的正是我們的意志和性格。

我們更不能忘記自由的信念，這就是爲什麼今天不同種族、不同信仰的男女老幼能夠共聚在這裡，慶祝這神聖的一刻；這就是爲什麼六十年前連餐館都不許他的父親坐下來用餐的一個人，能夠站在你們面前，宣讀最神聖的誓詞。

讓我們牢記今天這一天，牢記我們是誰，牢記我們一路走來的旅程。

（他以自己作爲自由平等的最好的一個例子。最後，他引用美國國父華盛頓的話作爲結語）

在美國誕生那一年，在嚴寒的冬天，在冰封的河畔，一小群的愛國志士，在微弱的營火旁，瑟縮取暖。首都已經失守，敵人正在逼近，鮮血染紅了白雪，革命的成敗充滿了變數，在那個時候，我們的國父華盛頓下令向他手下的官兵宣讀：「讓這段話流傳後世：在嚴冬裡，當僅存的只有希望和道德勇氣，全國上下，警覺到一個共同的危機，挺身而起，奮身而鬥。」

全國同胞們，當我們在艱苦的嚴冬裡，面對共同的危機的時候，讓我們牢記這些永恆的字句。憑藉著希望和道德勇氣，我們將會勇敢地面對冰冷的寒流，度過即將來臨的風暴。我們的子孫後代將會驕傲地一再複述：在嚴峻的考驗面前，我們不曾退縮、不曾躊躇，我們努力奮進，我們的目光凝望未來，在上帝的恩佑之下，把自由這份最寶貴的禮物安穩地交付到他們的手中。

願上帝的恩惠，保佑我們的國家。

LEARN系列　005

一次看懂社會科學

作　　者—劉炯朗
責任編輯—王慧雲（特約）
校　　對—鄭秀玲
封面攝影—劉振祥
美術設計—吳東龍
責任企劃—顏少鵬
董 事 長—趙政岷
出 版 者—時報文化出版企業股份有限公司
108019台北市和平西路三段二四○號三樓
發行專線—（○二）二三○六—六八四二
讀者服務專線—○八○○—二三一—七○五、（○二）二三○四—七一○三
讀者服務傳真—（○二）二三○四—六八五八
郵撥—一九三四—四七二四時報文化出版公司
信箱—10899台北華江橋郵局第九九信箱
時報悅讀網—www.readingtimes.com.tw
電子郵件信箱—newstudy@readingtimes.com.tw
第二編輯部臉書—http://www.facebook.com/readingtimes.2
法律顧問—理律法律事務所　陳長文律師、李念祖律師
印　　刷—盈昌印刷有限公司
初版一刷—二○一○年十一月十二日
初版十二刷—二○二○年十一月十九日
定　　價—新台幣二三○元
（缺頁或破損的書，請寄回更換）

時報文化出版公司成立於一九七五年，
並於一九九九年股票上櫃公開發行，於二○○八年脫離中時集團非屬旺中，
以「尊重智慧與創意的文化事業」為信念。

一次看懂社會科學/ 劉炯朗著.
-- 初版. -- 臺北市：　時報文化,
2010.11 面；公分. --（LEARN系列；5）
ISBN 978-957-13-5291-6（平裝）

1. 社會科學 2. 文集

507　　99019043

ISBN 978-957-13-5291-6
Printed in Taiwan